Erik Satie

BILDER UND DOKUMENTE

W0289282

Grete Wehmeyer

ERIK SATIE

Bilder
und
Dokumente

edition spangenberg

© 1992 edition spangenberg, München 40
Alle Rechte vorbehalten
Umschlag, Gestaltung und Herstellung
Petra Lüer, München
ISBN 3-89409-073-1
Printed in Germany

Inhalt

»Die Honfleurer sind sehr höflich und sehr nett ...«

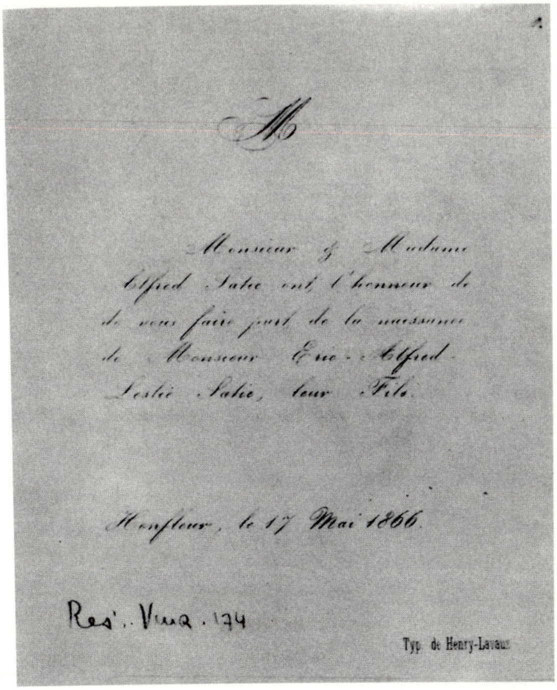
M

Monsieur & Madame
Alfred Satie ont l'honneur de
de vous faire part de la naissance
de Monsieur Eric-Alfred
Leslie Satie, leur Fils.

Honfleur, le 17 Mai 1866.

Rés. Vma. 174

Typ. de Henry-Lavaux

»Herr und Frau Alfred Satie geben sich die Ehre, Ihnen die Geburt ihres Sohnes, Herrn Eric – Alfred – Leslie Satie, bekanntzugeben. Honfleur den 17. Mai 1866.«
Die Eltern schrieben Eric noch mit ›c‹, er selbst änderte seinen Vornamen bald in Erik mit ›k‹.

Honfleur ist eine kleine Stadt, die poetischen Fluten der Seine und die stürmischen des Ärmelkanals durchfließen sie beide, schreibt der bekannteste Sohn dieses Fleckens von etwa 10000 Seelen über seinen Geburtsort. Erik Satie erblickte dort am 17. Mai 1866 *sehr jung* das Licht der *sehr alten* Welt.
Als er später – 1924, im Alter von 58 Jahren und ein Jahr vor seinem Tod – über den *Ursprung der Saties* nachdachte, meinte er:

> Der Ursprung der Saties geht vielleicht auf entfernteste Zeiten zurück. Nun ja ... ich kann das nicht bekräftigen – entkräften schon gar nicht. Indessen vermute ich, daß diese Familie nicht dem Adel angehörte (nicht einmal dem des Papstes), und daß ihre Mitglieder gute, genügsame und rechtlose Fronarbeiter waren, was früher eine Ehre und eine Freude war (für den guten Fronherrn, versteht sich). Nun ja ... (E 25)

Kaum liest man ein paar Sätze von ihm, ist man schon gefangen in seinem Gespinst aus Wahrheit, Verdrehung, Ironie und Erfindung. Die Realität wird man nicht erfahren; man kann sich durch viele Verkleidungen und Verstellungen an das Zentrum heranzutasten versuchen, – und dann steht man plötzlich doch wieder vor einem Vorhang, der den Kern verhüllt. Eine Erklärung dafür?

Lassen wir das, ich werde auf diesen Punkt zurückkommen (E 25), pflegte er dann selber zu sagen.

Nichtsdestoweniger lassen sich in der Rubrik der ›Wahrheit‹ einige Daten und Fakten aufführen. Zum Beispiel seine Geburtsanzeige.

Auch über seine Vorfahren weiß man etwas. Die Lage von Honfleur spielt dabei eine wichtige Rolle: am Atlantischen Ozean, bereits in der zweiten Hälfte des 12. Jahrhunderts als Ort und Hafen erwähnt, mit militärischer Bedeutung aber auch als Handelsplatz für Waren aus Afrika, aus Amerika, von den Antillen, die über regelmäßige Schiffsverbindungen gegen Tuche aus Rouen umgesetzt wurden. Wichtig für die Familie Satie war aber vor allem die geographische Position gegenüber von England; seit der Eroberung Englands durch Wilhelm den Eroberer 1066 in der Schlacht bei Hastings bestimmte die Wechselbeziehung zwischen Frankreich und England immer wieder das Leben der Menschen auf beiden Ufern des Ärmelkanals. Das gilt auch für die Vorfahren von Erik Satie.

Das Geburtshaus von Erik Satie.

›Souvenir de Honfleur‹, Titelblatt einer Komposition von Eriks Vater Alfred Satie von 1883, der als Musikverleger auch Unterhaltungsmusik komponierte.

Der Urgroßvater war Schiffskapitän in der Armee Napoleons. Er hatte an vielen Schlachten gegen die Engländer teilgenommen, daraus viele Orden aber auch einen soliden Haß auf die Menschen jenseits des Ärmelkanals mitgebracht. Sein Sohn Jules, also der Großvater von Erik Satie, ging nicht zur See, war Schiffsmakler und im Städtchen Honfleur als Feuerwehrhauptmann und Träger des Ordens der Ehrenlegion hochgeachtet. Er heiratete eine Elsässerin, Eriks Großmutter. Sie hatten eine Tochter und zwei Söhne, Alfred, der Eriks Vater wurde, und Adrien, der als Saties Onkel der vielleicht geliebteste Mensch seiner Kindheit war. – Wieder entstand eine Verbindung über den Pas de Calais hinüber: Jules schickte seine beiden Söhne für ein Jahr nach London, wo sie vermutlich das Geschäft des Schiffsmaklers aus erster Hand erlernen sollten, um es dann in ihrer Heimatstadt Honfleur zu betreiben. Alfred stürzte sich mit Eifer in die Ausbildung, wie er auch auf dem Collège schon Primus gewesen war, wo-

gegen Adrien sich überhaupt nicht für den Ernst des Wirtschaftslebens interessierte, sondern sich durch sein exzentrisches Leben bald den Ruf eines Tunichtguts erwarb.
Die Brüder kehrten aus London nach Honfleur zurück, Alfred trat in die Firma seines Vaters ein, Adrien privatisierte. Die Beziehung zu den Leuten von Gegenüber wurde noch enger: die junge Schottin Jane Leslie Anton wurde von ihren Eltern nach Honfleur in Pension geschickt, um Französisch zu lernen. Alfred Satie begegnete ihr, sie fanden Gefallen aneinander und heirateten. Ihren ersten Sohn nannten sie Erik Alfred Leslie und tauften ihn anglikanisch. Erik Satie ist also, wie auch seine beiden Geschwister Olga und Conrad, zur Hälfte schottischer Herkunft.
Nach dem Deutsch-Französischen Krieg von 1870/71 verkaufte Alfred Satie sein Schiffsmakler-Geschäft in Honfleur und zog mit der kleinen Familie nach Paris. Die Hauptstadt muß ihnen vertraut gewesen sein, bestand doch seit eh und je eine enge Verbindung durch den Wasserweg der Seine, aber auch wegen der vielen Leute aus Paris, die ihre Sommerfrische an der normannischen Küste verbrachten. Nachdem 1843 bereits eine Eisenbahnverbindung zwischen Paris und Rouen fertiggestellt worden war und seit 1862 Honfleur einen eigenen Bahnhof bekommen hatte, ging man nicht in die Fremde, wenn man nach Paris zog.
Schon im Jahr 1872 starb die schottische Jane Leslie dort; Erik war sechs Jahre alt. Er dürfte kaum Erinnerungen an seine Mutter gehabt haben. Der Vater gab ihn und seinen Bruder Conrad zurück nach Honfleur in die elterliche Familie, wo sie von Großvater Julien und der elsässischen sehr frommen und wohlerzogenen Großmutter in Obhut genommen wurden. Die erste Folge war, daß die beiden Jungen ihre anglikanische Religion ablegten und katholisch getauft wurden.
Das Leben in Honfleur scheint für Erik Satie heiter gewesen zu sein, inmitten der Honfleurer, die nach seiner Erinnerung *sehr höflich und sehr nett* waren, wo selbst die poetische Seine und der stürmische Ärmelkanal ein *stilles Einverständnis* (E25) miteinander hatten, indem die Seine schon vor Honfleur in den Kanal geflossen war. Die Lebensfreude des im Apfelschnaps-Brennen erfahrenen Départements Calvados, die Sanftheit des Klimas in der Nähe des Golfstroms, die Weltoffenheit durch den Hafen scheinen einen besonderen Menschenschlag gefördert zu haben: heiter, feurig, witzig und ab und zu etwas melancholisch, auf jeden Fall mit dem speziellen Normannischen ›pince-sans-rire‹, dem trockenen Humor begabt.
Auf noch ganz andere Weise wurde Honfleur weltoffen und bekannt: Von den zwanziger Jahren des 19. Jahrhunderts an wurde das Städtchen zur Hochburg der Maler, die aus den Ateliers in die freie Natur überwechselten: Licht, Klima und Hafenatmosphäre fügten sich in diesem Fischerort zum idealen Freiluftatelier zusammen. Der 1824 in Honfleur geborene Maler Eugène Boudin malte dort seine ersten Seebilder. Seine Arbeiten wirkten geradezu magnetisch auf andere Künstler, die den Zauber von Licht und Farbe auch erleben wollten. Honfleur wurde zum Zentrum des Impressionismus, als um Boudin die Malerschule Saint Siméon entstand, die in einem

Landgasthof gleichen Namens am westlichen Stadtausgang tagte. Claude Monet, Camille Pissaro, Paul Huet, Camille Corot, Charles Daubigny zogen nach Honfleur und begannen dort zu arbeiten. Sogar Dichter wurden von der Atmosphäre im Saint Siméon angezogen. Charles Baudelaire kam oft dorthin. Der humorvolle Schriftsteller Alphonse Allais stammte ebenso aus Honfleur wie Erik Satie und wurde von diesem sehr geschätzt.
Man kann kaum annehmen, daß das Kind Erik Satie, als es nach dem Tode der Mutter nach Honfleur zurückkehrte, davon etwas mitbekommen hat. Jedoch wird eine solche Künstlerkolonie ein besonderes Gewürz in das Denken und Leben der Honfleurer gegeben und dadurch die Atmosphäre mitbestimmt haben.
Die stärkste Formung und künstlerische Anregung scheint für den kindlichen Erik Satie von seinem Onkel Adrien, dem »schwarzen Schaf« der Familie, ausgegangen zu sein. Er war stadtbekannt dafür, daß er sich einen wunderbaren, reich geschmückten Wagen gebaut hatte; der war so über die Maßen prächtig, daß niemand es wagte, den Wagen zu betreten, aus Furcht, ihn schmutzig zu machen. Diese Geschichte griff Satie viele Jahre später (1913) wieder auf, als er zu seinem Klavier-Kinderstück MARSCH DER GROSSEN TREPPE einen Text schrieb:

Das ist eine große, sehr große Treppe.
Sie hat mehr als tausend Stufen, alle aus Elfenbein.
Sie ist sehr schön.
Niemand wagt, sie zu benutzen, aus Angst
sie schmutzig zu machen.
Selbst der König hat sie nie gebraucht.
Um aus seinem Zimmer herauszukommen springt er durch's Fenster.
Ich mag diese Treppe so sehr, sagt er oft,
Daß ich sie ausstopfen lassen möchte.
Hat der König nicht recht?

Hätte Onkel Adrien, genannt ›Sea-Bird‹, seinen Wagen nicht gern ausstopfen lassen? Hat Satie mit seinen »Zwischen«-Wahrheiten nicht recht?
Lassen wir das …
Onkel ›Sea-Bird‹ wäre nicht Normanne und kein Satie gewesen, wenn er nicht für Schiffe geschwärmt hätte. Er tat es auf seine Weise. Er besaß ein Boot, das allerdings zu nichts diente. Wie der Wagen war es sehr schön dekoriert, und der Onkel saß oft darin und rauchte seine Pfeife. Das Boot hieß ›The Wave‹, verließ nur bei ganz seltenen, besonderen Gelegenheiten den Hafen und hatte dann nur einen Passagier, das war Onkel Sea-Bird selbst. Er fuhr eine kleine Promenade und kehrte dann wieder in den sicheren Hafen zurück.
Die Zeichnung LE YACHT von Charles Martin aus dem Zyklus SPORTS ET DIVERTISSEMENTS paßt so exakt dazu, als ob Satie die Zeichnung gemacht hätte. Den Text hat er jedoch geschrieben, und der verrät vielleicht die Träume, die der Kapitän bei der Ausfahrt hatte:

Was für ein Wetter!
Der Wind schnaubt wie ein Seehund.
Die Yacht tanzt wie ein kleiner Narr.
Das Meer ist außer sich.
Daß es ja nicht auf einem Felsen zerbricht.
Niemand kann es reparieren.
Hier will ich nicht bleiben, sagt die elegante Reisende.
Hier ist es nicht amüsant.
Etwas anderes ist mir lieber.
Besorgen Sie mir einen Wagen.

Die ironische Distanz dieses Textes zur Zeichnung wird ganz deutlich, wenn man bedenkt, daß die Zeichnung zuerst existierte, Satie also selber die dargestellte reale Situation unterlief. In seinen Klavierstücken bezieht sich Satie noch einmal auf ein Schiff – ohne Zeichnung. In dem zugehörigen Text geht es nur um das Boot und die Bewegung:

AUF EIN SCHIFF
Sehr langsam
Im Takt der Wellen
Leichte Gischt
Noch eine
Frischer Windstoß
Schiffahrts-Schwermut
Leichte Gischt
Wieder eine
Angenehmes Schaukeln
Etwas Wellengang
Der Kapitän sagt: Sehr schöne Fahrt
Das Schiff kichert
Ein Landstrich in der Ferne
Kleine Brise
Kleiner zärtlicher Sprühregen
Schaukeln
Zum Anlegen

So könnte es gewesen sein, wenn Onkel ›Sea-Bird‹ sein Boot manövrierte. Wie anregend muß der Umgang mit Onkel Adrien auf die Fantasie des jungen Erik gewirkt haben. Wurde seine Neigung zur märchengleichen Fast-Realität geweckt und gefestigt? Ist es verfrüht, hier daran zu denken, daß neben seinem Totenbett ein Band mit Märchen von Andersen lag?
Onkel ›Sea-Bird‹ führte den jungen Neffen in noch eine ganz andere Welt ein, an die Erik Satie sich später erinnert haben dürfte: Wenn Schauspielertruppen durch die Stadt zogen, gingen die beiden nicht nur in die Vorstellungen, sondern der Onkel brachte den Jungen außerdem in die Kulissen zu den Schauspielern. Eine bessere Vorbereitung als diese läßt sich

für die spätere Komposition von PARADE überhaupt nicht denken. Erik Satie wußte, wie sich das abspielte, wenn Artisten vor der Vorstellung das Publikum anlocken wollen.
In den Jahren in Honfleur wurde auch der Grund gelegt für Saties musikalische Ausbildung. Er bekam Klavierunterricht von dem Organisten Vinot von der Kirche St. Léonard. In welchem Maße und auf welche Weise dem Jungen auch in der Musik das gleichwertige Mit- und Nebeneinander von Ernsthaftigkeit und Leichtlebigkeit begegnete, sei wirklich an späterer Stelle beschrieben. Ganz sicher müssen wir auf diesen Punkt zurückkommen.
Im Jahr 1878 starb die Großmutter auf rätselhafte Weise beim Baden am Strand von Honfleur. Damit hatte Erik auch die zweite Mutter verloren. Der Vater holte ihn zurück nach Paris in seinen Männerhaushalt, den der Sohn sicher sehr genossen hat; er brauchte nämlich nicht zur Schule zu gehen, weil der Vater grenzenloses Mißtrauen in die öffentliche Pädagogik hatte. Dann jedoch heiratete der Vater wieder, eine junge Klavierlehrerin, die auch noch ihre Mutter mitbrachte. So bekam der 13jährige Erik zwei Stiefmütter, die er beide nicht liebte. Ist es zu früh, hier schon seinen Satz, *Ich bin ein Mann, den Frauen nicht verstehen,* zu zitieren?
Ist es zu früh, hier schon einzuflechten, daß er nur eine (nachweisbare) Beziehung zu einer Frau hatte, zu der Malerin Suzanne Valadon, eine Romanze, die nur wenige Monate dauerte und dann wegen ihres Flirts zu einem Mann, den sie später heiratete, abbrach?
In seinen MEMOIREN EINES GEDÄCHTNISLOSEN beschreibt er Honfleur, die Seine, den Ärmelkanal, die Honfleurer und vergißt auch die Vorfahren und ihre Stellung in den geschichtlichen Ereignissen nicht:

> Was die Saties im Hundertjährigen Krieg [als die Normandie mehrmals den Besitzer wechselte] gemacht haben, weiß ich nicht, ich habe auch keine näheren Angaben über ihre Beteiligung und über ihre Haltung im Dreißigjährigen Krieg (einem unserer schönsten Kriege).
> Friede dem Gedächtnis meiner alten Vorfahren! Nun ja … Lassen wir das. Ich werde auf diesen Punkt zurückkommen. (E 25)

Was ihm aber selber zustieß, bleibt unerwähnt.

> Bis zum Alter von zwölf Jahren blieb ich in diesem Ort und ging dann nach Paris, um mich dort festzusetzen … Ich habe eine belanglose Kindheit und Jugend gehabt – ohne Ereignisse, die es wert wären, in seriösen Aufzeichnungen überliefert zu werden. Also werde ich nicht davon sprechen. (E 26)

Alle fallen unter das Verdikt *belanglos:* die Mutter, die Großmutter, der Vater, Onkel ›Sea-Bird‹. Im weiteren Verlauf seiner als *seriös* hingestellten Aufzeichnungen spricht er ausführlich und genauestens – wie ernst gemeint auch immer – über seine Beziehung zur Musik. Der ganz persönliche Bereich bleibt verhüllt, das Zimmer, das niemand betreten durfte. Ob er es selber betrat? Es überhaupt kannte?

Mémoires d'un amnésique.

CE QUE JE SUIS (Fragment).

Tout le monde vous dira que je ne suis pas un musicien.[1] C'est juste.

Dès le début de ma carrière, je me suis, de suite, classé parmi les phonométrographes. Mes travaux sont de la pure phonométrique. Que l'on prenne le " Fils des Etoiles " ou les " Morceaux en forme de poire ", " En habit de Cheval " ou les " Sarabandes ", on perçoit qu'aucune idée musicale n'a présidé à la création de ces œuvres. C'est la pensée scientifique qui domine.

Du reste, j'ai plus de plaisir à mesurer un son que je n'en ai à l'entendre. Le phonomètre à la main, je travaille joyeusement et sûrement.

Que n'ai-je pesé ou mesuré ? Tout de Beethoven, tout de Verdi, etc. C'est très curieux.

La première fois que je me servis d'un phonoscope, j'examinai un si bémol de moyenne grosseur. Je n'ai, je vous assure, jamais vu chose plus répugnante. J'appelai mon domestique pour le lui faire voir.

Au phono-peseur un fa dièse ordinaire, très commun, atteignit 93 kilogrammes. Il émanait d'un fort gros ténor dont je pris le poids.

Connaissez-vous le nettoyage des sons ? C'est assez sale. Le filage est plus propre ; savoir les classer est très minutieux et demande une bonne vue. Ici nous sommes dans la phonotechnique.

Quant aux explosions sonores, souvent si désagréables, le coton, fixé dans oreilles, les atténue, pour soi, convenablement. Ici, nous sommes dans la pyrophonie.

Pour écrire mes " Pièces Froides ", je me suis servi d'un caléidophone-enregistreur. Cela prit sept minutes. J'appelai mon domestique pour les lui faire entendre.

Je crois pouvoir dire que la phonologie est supérieure à la musique. C'est plus varié. Le rendement pécuninaire est plus grand. Je lui dois ma fortune.

En tout cas, au motodynamophone, un phonométreur médiocrement exercé peut, facilement, noter plus de sons que ne le fera le plus habile musicien, dans le même temps, avec le même effort. C'est grâce à cela que j'ai tant écrit.

L'avenir est donc à la philophonie.

ERIK SATIE

[1] Voir : O. Séré, *Musiciens français d'aujourd'hui* p. 138.

Aus Erik Satie: ERINNERUNGEN EINES GEDÄCHTNISLOSEN. WAS ICH BIN (FRAGMENT), von 1912. *Jeder wird Ihnen sagen, daß ich kein Musiker sei. Das stimmt. Seit dem Beginn meiner Laufbahn habe ich mich sofort unter die Phonometrographen eingereiht. Meine Arbeiten sind reine Phonometrie. Ob man nun ›Fils des Etoiles‹, ›Trois Morceaux en forme de poire‹, ›En habit de Cheval‹ oder die ›Sarabanden‹ nimmt, man wird bemerken, daß nicht musikalische Idee die Komposition dieser Werke bestimmt hat. Hier regiert rein wissenschaftliches Denken …*

Viele Jahre später bezog sich Man Ray auf diesen Text Saties und schrieb auf Englisch: »What I am: Jeder wird Ihnen sagen, daß ich kein Maler sei. Das stimmt. Seit dem Beginn meiner Laufbahn wurde ich unter die Photometrographen eingereiht. Meine Arbeiten sind reine Photometrographie …«

»Alle großen Künstler sind Amateure.«

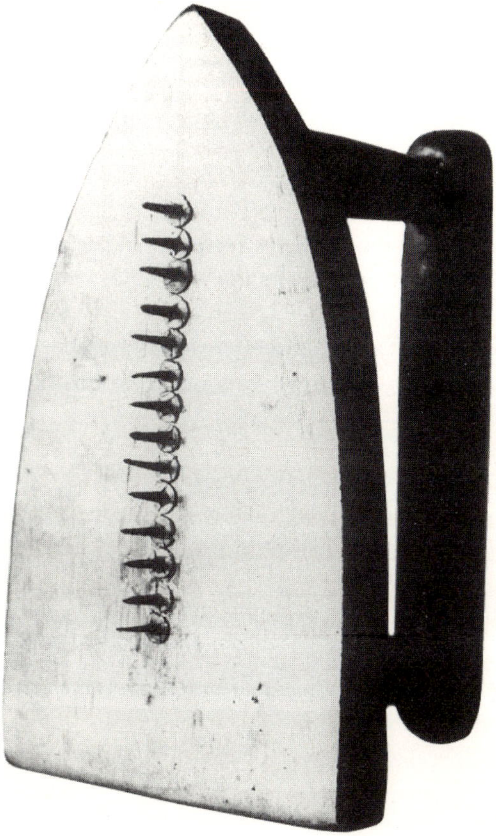

›Das Geschenk‹, Objekt von Man Ray, von ihm rekonstruiert und fotografiert. Das Original wurde mit Saties Hilfe am 3.12.1921 hergestellt, aber noch am gleichen Tag gestohlen.

»... er bastelte sich eine persönliche Kunst. Seine musikalische Ausbildung war sehr unvollständig, er raffte die Elemente, die er beherrschte, zusammen und machte sich daraus ein besonderes Rezept, erklärte den Rest für nicht existierend und sogar schädlich für eine gute musikalische Schreibweise. Er war in der Situation eines Menschen, der nur dreizehn Buchstaben des Alphabets kennt und beschließt, eine neue Literatur mit nur diesem Material zu schaffen, als vielmehr seine Armut zuzugeben. Es hat selten etwas Mutigeres gegeben, und er hatte das Glück, daß er mit seinem System Erfolg hatte. ›Ich muß Gewaltanstrengungen machen, um überhaupt einen Takt hinzukriegen‹, vertraute er mir an.« (L III)

So berichtet Saties Jugendfreund Contamine de Latour über die kompositorischen Anstrengungen des Zwanzigjährigen. Erik Satie hatte damals bereits ein bewegtes musikalisches Leben hinter sich.

Daß der junge Satie in Honfleur an Herrn Vinot als ersten Klavierlehrer geriet, muß man wohl als ein Glück ansehen. Dieser Organist von St. Léonard war Absolvent der berühmten Kirchenmusikschule Niedermeyer, das war die einzige Stätte, wo zu dieser Zeit gregorianischer Choral, das heißt mittelalterliche Musik, gelehrt wurde. Monsieur Vinot war jedoch auch Pianist und wirkte als Solist oder als Begleiter bei den Konzerten des Philharmonischen Orchesters von Honfleur mit, die an der Porte de Rouen, im Pavillon oder im Theater der kleinen Stadt stattfanden. Bei diesen Gelegenheiten spielte er auch eigene Kompositionen, und zwar Walzer. Man weiß von einer Valse brillante und einem Schlittschuhwalzer. – In diesem Unterricht wurde Eriks Interesse sicher auf die Kirchenmusik gelenkt, aus der er mehr und mehr Elemente für seinen Kompositionsstil entnehmen sollte; darüber hinaus erfuhr er bei diesem Lehrer, daß Kirche und »leichte Muse« einander nicht ausschließen müssen. Damit war er schon sehr nahe an der Praxis der Chansonniers des Cabarets; sie sangen ihre aggressiven, zeitkritischen Texte auf Melodien von Kirchenliedern. Die Verbindung von Unterhaltungsmusik mit dem Sound der Kirchenmusik sollte eine Spezialität von Erik Satie werden.

Der Unterricht bei Monsieur Vinot war natürlich zu Ende, als Erik nach Paris zu seinem Vater zurückkehren mußte. Da der Vater ihn nicht in die öffentliche Schule gehen ließ, mußte er dem Sohn Privatlehrer besorgen. Die Tochter eines seiner Hauslehrer gab ihm Klavierstunden. Dazu kam auch noch die zweite Frau des Vaters, die Klavierlehrerin war, ins Haus. Man ist geneigt, seine späteren sarkastischen Bemerkungen über musikalische Erziehung damit in Verbindung zu bringen:

> Wie wird man Musiker? ... Das ist ganz einfach ... man nimmt einen Lehrer – Musiklehrer ... wenn möglich ... man sucht ihn sorgfältig aus ... bedächtig ... streng ... man macht einen Preis aus ... dazu ... möchte ich Ihnen sagen ... man darf sich nicht einseifen lassen ... eine Stunde ... ist schnell vorbei ... ja ... man macht einen Preis aus ... aber ... einen günstigen Preis ... für sich selber maßvoll ... ja ... ich weiß nicht ... ob ich mich verständlich mache. Die Anschaffung eines Metronoms drängt sich auf ... danach rate ich ... einen Notenständer zu kaufen ... es gibt sie in allen Preislagen ... Der Schüler muß viel Geduld haben – eine ganz große Geduld ... wie ein Pferd ... besonders groß ... es ist von Nutzen ... daß er sich daran gewöhnt ... seinen Lehrer auszuhalten ... denken Sie mal ... ein Lehrer ... er stellt Fragen, die er weiß ... er ... und Sie wissen sie nicht ... Sie ... er nutzt das aus ... offensichtlich ... und Sie haben das Recht, nichts zu sagen ... das ist auch besser ... (E 82f.)

Die privaten Klavierstunden können nicht lange gedauert haben, denn mit dem Jahr 1879 begann für den Dreizehnjährigen bereits der wechselvolle und dornige Weg durch das Conservatoire. Im einzelnen sah er so aus:

4. 11. 1879	Aufnahmeprüfung, 8. 11. Eintritt in die Klaviervorbereitungsklasse, in den folgenden Jahren möglicherweise Unterricht bei Lavignac
15. 6. oder 30. 8. 1882	automatisch entlassen nach den Richtlinien des Conservatoire. Begründungen: zu alt, zu geringe Leistungen, drei Jahre lang nicht um den Klavierpreis bemüht
4. 12. 1883	als Gasthörer in Tadous Harmonieklasse aufgenommen
6. 11. 1885	Aufnahmeprüfung, einige Tage später Eintritt in die Klavierklasse von Matthias
9. 12. 1886	Abgang zum Militär
1887	wahrscheinlich ein Monat am Conservatoire
Ende 1891 oder Anfang 1892	Kompositionsunterricht bei Guiraud

Eine glücklose Karriere am Conservatoire, obwohl er, wie Contamine de Latour erzählt, besten Willens war:
»Pianist zu sein, Unterricht und Konzerte zu geben, erschien ihm als die begehrenswerteste aller Lebensformen. Er arbeitete standhaft Beethoven, Sebastian Bach, Schumann und Chopin, Liszt und César Franck: aber er arbeitete sie nach den Launen eines grundsätzlich unernsten Temperaments. Im übrigen erwies er sich als sehr mittelmäßiger Schüler. Sein Professor erkannte in ihm die großen Anlagen und beklagte den mangelnden Eifer. ›Du bist ein großer Sünder‹, wurde er nicht müde zu wiederholen.«
Die Unterlagen des Conservatoire verraten auch die Prüfungsstücke von Erik Satie: 1879 ein Klavierkonzert von Dussek, 1880 ein Klavierkonzert von Hiller, 1881 ein Klavierkonzert von Moscheles, 1882 eine Pièce charactéristique von Mendelssohn und der 3. Satz aus der Sonate op. 26 von Beethoven; 1886 ein Rondo und ein Prélude von Mendelssohn – Zur Bewerbung um den Klavierpreis wurde er 1886 jedoch nicht zugelassen.
Erik Satie selbst schreibt über das Conservatoire:

> Damals befand sich dieses Etablissement in der Rue du Faubourg-Poissoniers, am Platz seiner Gründung (Ende des 18. Jahrhunderts): ein weitläufiges, ungemütliches Gebäude, häßlich anzusehen – eine Art Strafanstalt ohne die geringste Annehmlichkeit – außen und innen … (E66 f.)

In diesem Zusammenhang sollte man das Stück VEXATIONS (1893) sehen. Es hat vier Zeilen, die 840mal wiederholt werden sollen und zwar »Très lent«. Satie schreibt dazu:

> Um dieses Stück 840mal hintereinander zu spielen, wird es gut sein, sich darauf vorzubereiten, in größter Stille und mit ernster Regungslosigkeit.

VEXATIONS bedeutet »Quälereien«. Das kann sich auf die vielen, beim Lesen und Spielen sehr lästigen Versetzungszeichen beziehen, es kann aber auch die sarkastische Abrechnung mit dem Harmonielehreunterricht am

Conservatoire sein. VEXATIONS hat exakt den Ablauf, der im Harmonielehreunterricht »Aussetzen eines gegebenen Basses« genannt wird: eine vorgegebene Baßmelodie, zu der in der zweiten Zeile Akkorde hinzugefügt werden; in der dritten Zeile erscheint die Baßmelodie wieder allein und in der vierten abermals mit Harmonien versehen.
Es gibt keine Anzeichen dafür, daß Satie den Titel VEXATIONS für das möglicherweise qualvolle Anhören einer kompletten Aufführung gewählt hat. Bei den vorgeschriebenen 840 Wiederholungen käme die Baßmelodie, die bei einem Durchlauf viermal erklingt, 3360mal vor. Es gibt auch keinen Hinweis darauf, daß Satie überhaupt an eine Aufführung gedacht hat. Er scheint einfach seinem Zorn über das Conservatoire auf diese Weise Luft gemacht zu haben.
1963 wurde das Stück unter der Anregung und Mitwirkung von John Cage in Amerika zum ersten Mal aufgeführt, das dauerte 24 Stunden. Seitdem hat es immer wieder in allen Teilen der Welt solche Präsentationen gegeben.
Satie, der bei Onkel ›Sea-Bird‹ Unabhängigkeit kennen und schätzen gelernt hatte, der von seinem Vater nie zu Disziplinübungen verurteilt wurde – er hat anscheinend am Conservatoire erfahren, welches Maß an Aggressivität durch den Drill der Instrumentalklassen, besonders am Klavier, produziert werden kann: *Rächen Sie sich nicht an Ihrem Instrument …* und er weicht dann ironisch aus: *… die Instrumente müssen oft … eine sehr schlechte Behandlung über sich ergehen lassen … sie werden geschlagen … (E 83)*
Das betrifft die französische Formulierung »frapper les touches«, die Tasten anschlagen; wogegen »Klavierspielen« »jouer du piano« heißt!
Auch über Preise hatte Erik Satie seine eigene Meinung; er äußerte sie im Zusammenhang mit Debussy, der nach mehrmaligem Anlauf den Rom-Preis bekommen konnte:

> … nach meiner bescheidenen Meinung war die notwendige Anstrengung, um in den Besitz dieses Preises zu kommen, für Debussy ein nicht wieder gutzumachendes Unglück, das den besten Teil seines Wesens wie ein zerstörerisches Gift traf. Ja … warum? Das liegt daran, daß die Juroren, die diese Preise vergeben, in den meisten Fällen derartig mit Unfähigkeit ausgestattet sind, daß ihre Entscheidungen Verhaftungen oder Verurteilungen gleichkommen, ebenso entwürdigenden wie verdienten Verurteilungen … (E 67)

Erik Satie nahm den Musikbetrieb als junger Mann schon nicht ernst genug, als daß er sich darin eingefügt und ohne zu knarren funktioniert hätte. Trotzdem blieb ihm das Trauma des Dilettanten:

> Jeder wird Ihnen sagen, daß ich kein Musiker sei. Das stimmt. (E 19)

Das mag ironisch sein, trotzdem entschloß er sich 1905, also mit 39 Jahren, noch einmal von Grund auf Kontrapunkt zu studieren. Er bat um ein Stipendium an der Schola Cantorum. Es wurde ihm gewährt. Von 1905 bis

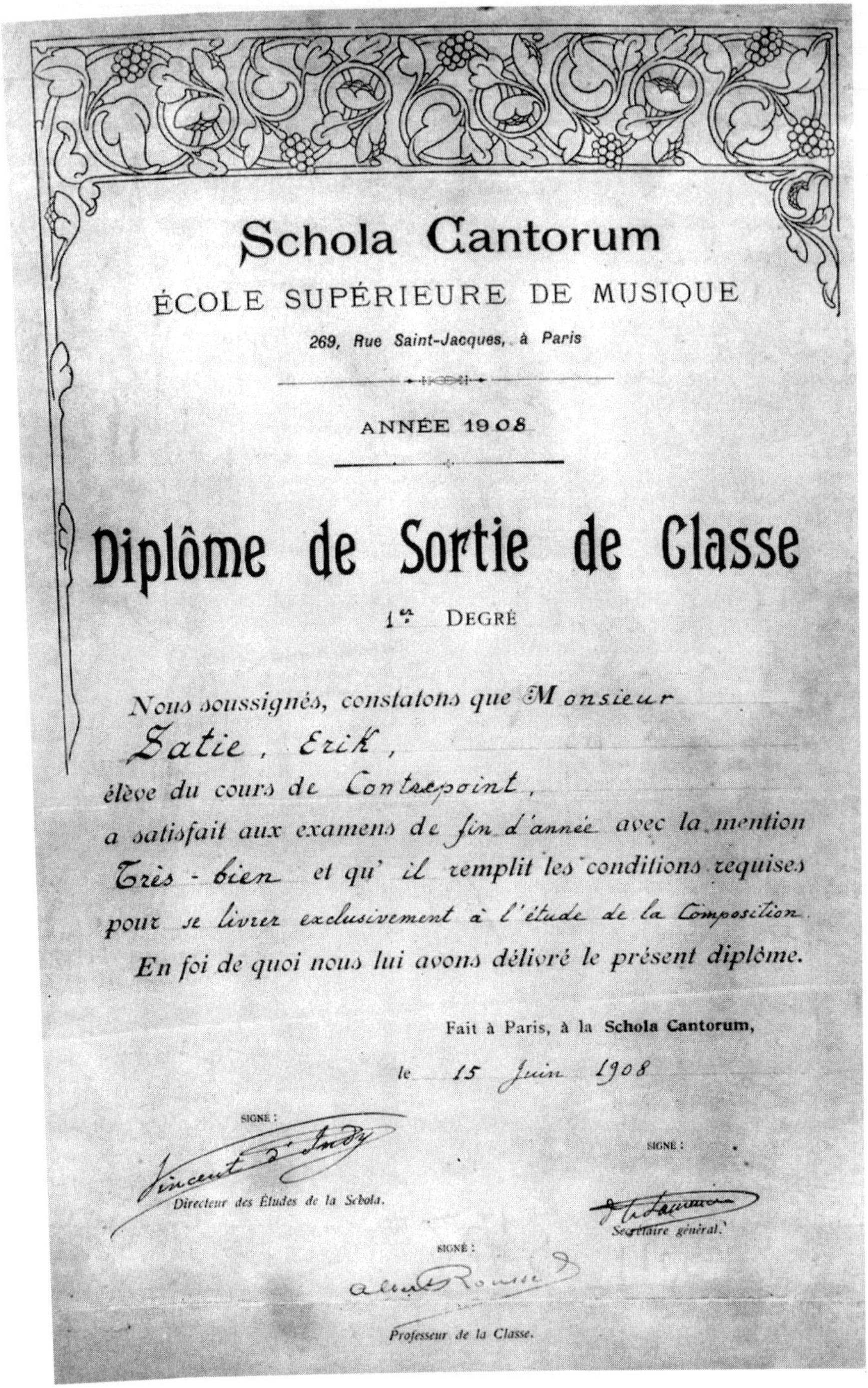

Schola Cantorum

ÉCOLE SUPÉRIEURE DE MUSIQUE

269, Rue Saint-Jacques, à Paris

ANNÉE 1908

Diplôme de Sortie de Classe

1er DEGRÉ

Nous soussignés, constatons que Monsieur

Satie, Erik,

élève du cours de Contrepoint,

a satisfait aux examens de fin d'année avec la mention

Très-bien et qu'il remplit les conditions requises

pour se livrer exclusivement à l'étude de la Composition.

En foi de quoi nous lui avons délivré le présent diplôme.

Fait à Paris, à la **Schola Cantorum**,

le 15 Juin 1908

SIGNÉ :

Vincent d'Indy

Directeur des Études de la Schola.

SIGNÉ :

Secrétaire général.

SIGNÉ :

albert Roussel

Professeur de la Classe.

1905 tritt Erik Satie – mit 39 Jahren – in die Schola Cantorum ein, um Kontrapunkt zu studieren. 1908 schließt er ab: »Tres bien.«

1908 studierte Erik Satie dort und erhielt zum Abschluß ein Diplom mit dem Prädikat »sehr gut«, unterschrieben von Vincent d'Indy. Trotz des glanzvollen Abschlusses zweifelte er am Nutzen für seine Kompositionen: *Warum habe ich mir das mit d'Indy angetan? Ich habe doch sonst so entzückende Sachen geschrieben. Und jetzt? Welche Schaustellung* ... Erik Satie hatte nur noch Spott für den Akademismus und die Institutionen. Sein Resümee lautete:

Alle großen Künstler sind Amateure. Konsequent gibt er zu Ende seines Lebens jungen Musikern den Rat: *Marschiert allein! Macht das Gegenteil von dem, was ich mache. Hört auf niemanden.*

»Der Gegensatz zwischen diesem unabhängigen und lockeren Leben«, am Montmartre, so Saties Jugendfreund Contamine de Latour, »und der bürgerlichen Korrektheit seiner Herkunft zeigte ihm die Lächerlichkeit bestimmter vorgefaßter Meinungen, die Heuchelei mancher Konventionen und legte ihm die Verachtung von Gemeinplätzen, banalen Eitelkeiten und überbewerteten Berühmtheiten nahe. Er lehnte alles ab, was er in der Vergangenheit geschätzt hatte: Er begeisterte sich für den Wert eines freien, kühnen, ungezähmten Einsatzes, der sich weder um Regeln noch um Methoden schert und kein Urteil außer dem eigenen anerkennt.«

Das Chat Noir 1992.

Das Cabaret, dessen schlechter Ruf notorisch ist, hat im literarischen und künstlerischen Leben eine sehr wichtige Rolle gespielt und spielt sie noch. Erik Satie.

Nach einem Streit mit Rodolphe Salis, dem Inhaber des Chat Noir, nahm Satie ein Engagement als Pianist in der Auberge du Clou an.

Oben: Wöchentliches Mitteilungsblatt des Chat Noir, gezeichnet von Vilette, mit einem Portrait von Erik Satie.
Unten: Im oberen Saal des Chat Noir.

Cabaret und Kirche

Als der junge Erik Satie am Conservatoire studierte, war Jules Massenet dort Kompositionslehrer. Er war das Idol der Studenten und alle bemühten sich, ihn nachzuahmen. Contamine de Latour erzählt dazu:
»Erik Satie erlag seinem Einfluß. Ohne Fugensatz und Kontrapunkt durchgearbeitet zu haben – er wußte absolut nichts davon – komponierte er die Lieder ELEGIE, SYLVIE, COMPLAINTE – ganz im Stil des Meisters. Das waren seine ersten Versuche, das Stammeln eines Talents, das sich auf einzigartige Weise entwickeln sollte, etwas wie dünne Anfangsarbeiten, die man im reiferen Alter kaum noch anerkennt.« (L I)
Er hatte vorher schon ein Valse-Ballet und eine Fantaisie-Valse komponiert; alle diese frühen Versuche wurden sogar gedruckt und zwar in einem Musikverlag, den der Vater dank der Erbschaft von Großvater Julien am Boulevard Magenta eingerichtet hatte. Alfred Satie und seine zweite Frau komponierten ebenfalls und ihrer aller Produkte erschienen im eigenen Verlag unter dem Titel MUSIQUE DES FAMILLES. Eriks Fantaisie-Valse trägt dort die Opuszahl »62« – Der Junior wurde hochgejubelt.
Der Jugendfreund Contamine de Latour erzählt über die Familie Satie: »Er kam aus einer sehr guten Familie, die ihm nichts verweigerte und er selbst zeigte sich in den ersten Jahren unserer Freundschaft artig, gemäßigt, auf Eleganz und gute Manieren bedacht. Aber sein Instinkt rief ihn irgendwo anders hin ... Satie verließ das väterliche Haus, um sein Leben zu leben.« (L I)
Die beiden Freunde zogen gemeinsam nach Montmartre. Satie hatte 1600 Francs zur Verfügung, das war damals eine ansehnliche Summe. Sie schmolz jedoch schnell. Contamine de Latour beschreibt ihr Leben:
»Eine brüderliche Freundschaft verband uns ... Wir verließen einander kaum; wir verbrachten die Tage und einen Teil der Nacht zusammen, tauschten Ideen aus, schmiedeten ehrgeizige Pläne, träumten von ganz großen Erfolgen, berauschten uns an verrückten Hoffnungen und lachten über unsere augenblickliche Misere ... Wir aßen nicht jeden Tag, aber wir waren nie ohne Aperitif; ich erinnere mich an eine Hose und an ein paar Schuhe, die von einem zum anderen hin- und hergingen, und die wir jeden Morgen ausbessern mußten, bevor wir uns auf den Weg machten, um den Traum-Verleger zu finden, der uns unsere Genialität bestätigen und den Weg zu Glück und Ruhm öffnen würde ... Erik Satie hätte sich diese Kämpfe und Einschränkungen ersparen können ... aber wenn er in seinem früheren Lebensstil geblieben wäre, hätte sich seine Persönlichkeit nie entwickelt. Es war das Chat Noir von Rodolphe Salis, das ihm seine Bestimmung klarmachte und ihn von Grund auf veränderte.« (L I)

Der extravagante Maler Rodolphe de Salis hatte sein Nachtcabaret 1881 eröffnet und ihm – angeregt durch die Gruselgeschichten von Edgar Allan Poe – den Namen ›Chat Noir‹ gegeben. Es war also, als die beiden Freunde 1887 nach Montmartre zogen, noch relativ neu aber schon hochberühmt.

Contamine de Latour: »Der Stil war sarkastisch, schlagfertig, überschritt aber nie gewisse Grenzen. Wenn man Kunstpäpste aufspießte, so geschah es im Namen der Unabhängigkeit der Kunst; wenn die Kellner die Tracht der Mitglieder der Académie Française trugen, so fügten sie keinen Klimbim hinzu, um diese lächerlich zu machen.

Ein prächtiger Schweizer kündigte die Gäste durch dreimaliges Pochen mit seiner glänzenden Hellebarde an, Rodolphe Salis ging ihnen entgegen und titulierte sie feierlich mit Gnädiger Herr und Edle Dame. Das ganze war temperamentvoll, enthusiastisch und verschwenderisch. Man kann wohl sagen, daß die künstlerische Erneuerung der letzten 40 Jahre, die manche Künstler hervorbrachte, die zuerst angezweifelt und später anerkannt wurden, ihre Wurzeln im Chat Noir hat.

In dieser Umgebung, die so anders war als die, in der er aufgewachsen war, ließ Satie dem in ihm zurückgehaltenen Strom an fröhlicher Ausgelassenheit freien Lauf ... Er gewann Hochachtung für die Genossen, die ihm den Weg zeigten, unabhängig von Sorgen um den Augenblick oder um die Schwierigkeiten des nächsten Tages; den Kopf erhoben, die Taschen leer und die Seele im Rausch tauchten sie ein in ihren sternenbesäten Traum, fröhlich und zügellos. Impulsiv wie er war, verschrieb er sich ihnen völlig; und nachdem er sich ihre Haltung zu eigen gemacht hatte, brach er mit allen Ansprüchen seiner Erziehung, um ihnen noch ähnlicher zu werden.« (L I)

Satie hatte zunächst in Überschätzung seiner Barschaft eine luxuriöse Wohnung genommen, tauschte diese aber gezwungenermaßen gegen eine kleinere und billigere aus. Es war die Adresse, die er dann zehn Jahre behielt: Rue Cortot 6. Dort schrieb er auch die ersten Werke, die seinen Ruf begründen sollten: die SARABANDES, GYMNOPÉDIES, OGIVES und GNOSSIENNES ...« (L IV)

Die GYMNOPÉDIES, die berühmtesten Klavierstücke Saties bis auf den heutigen Tag, waren 1887 gewissermaßen die Eintrittskarte der beiden jungen Männer für das Chat Noir:

»Wir waren von einem bezaubernden, inzwischen verstorbenen Humoristen ins Chat Noir eingeführt worden, Vital Hoquet ... Satie träumte schon von seinen GYMNOPÉDIES. Um die Wahrheit zu sagen, er hatte noch nicht mehr als den Titel gefunden: Die Fremdartigkeit des Wortes gab ihnen jedoch schon einen Nimbus. Als wir nun am ersten Abend in das Cabaret der Rue Victor-Massé eintraten ... kündigte Vital-Hoquet feierlich an: Erik Satie, Gymnopédiste, worauf Rodolphe Salis, Gründer und Inhaber des Chat Noir, sich bis auf die Erde verbeugte und antwortete: Das ist ein wunderbarer Beruf.« (L II)

Gymnopädien waren Tänze, die Jünglinge im antiken Sparta zu Ehren von Diana und Apoll beim Gedenken der Gefallenen der Schlacht von Thyrea

Rue Cortot 6 heute. Damals jedoch nach Contamine de Latour: »Es war ein Loch von drei Metern Höhe, zwei Metern Länge und einhalb Metern Breite. Kein Fenster, nur kurz unter der Decke eine dreieckige Öffnung, die ein Stückchen Himmel sehen ließ. Es war gerade Platz für das Bett, das sich gegen das Klavier, das Satie sich durch alle Bedrängnisse hindurch sorgsam bewahrt hatte, aber nie benutzte, stemmte. Das Ganze, eng zusammengepfercht, hinderte die Tür daran, sich zu öffnen. Wenn man eintreten wollte, mußte man sich durch einen Spalt zwängen und auf das Bett steigen. Auch Satie konnte sich hier nur liegend aufhalten. Im Sommer erstickte er und im Winter fror er hier ein …«

ausführten. Satie überschreibt sie mit: »Lent et triste«, »Lent et douloureux« und »Lent et grave«. Weit gefehlt jedoch anzunehmen, daß Satie sich an die griechischen Vorbilder angelehnt hätte. Er nahm lediglich teil an der gräzisierenden Mode, die sich unter Napoleon III. entwickelte. In Sympathie für das nach Freiheit strebende Griechenland, aber auch in Verzauberung durch die orientalisch-antike Atmosphäre produzierten Architektur und Innenarchitektur einen Stil, der eine besonders enge Verbindung zur antiken griechischen Kunst anstrebte. Er hieß ›Neogrec‹, ein Name, der etwas später auch auf Literatur mit ähnlichen Tendenzen angewendet wurde.

Satie scheint sich mit seinen drei GYMNOPÉDIES auf den Neogrec-Trend zu beziehen und Neogrec in Musik zu schreiben; die Anspielung liegt jedoch nur im Titel. Die schmelzenden Melodien, die Satie dazu eingefallen sind, verhalfen den Stücken zu ihrem Erfolg, es sind langsame Walzer, Cabaret-

Stücke. In der damaligen Zeit wurden die GYMNOPÉDIES anscheinend sofort als ›leichte‹ Musik aufgefaßt, erschien doch als Illustration zu diesen Stücken die Zeichnung einer jungen nackten Frau. Darauf schrieb Satie:

> Gymnopedien: fachliche Untersuchungen haben gezeigt, daß entgegen der allgemein anerkannten Meinung die Feen weder rosa Trikots noch Mieder tragen: angeregt durch diese neuesten Arbeiten, hat die hochgebildete Mlle. Lequieu für die Oper mit großer Hingabe die tatsächliche Aufmachung einer eleganten Fee rekonstruiert. (ESV 255)

Noch einmal liebäugelte Satie mit der Griechenland-Begeisterung, ebenfalls in Klavierstücken, die zu seinen Ohrwürmern gehören, den GNOSSIENNES, Lieder oder Stücke aus Knossos. Auch sie sind keine folkloristische Musik, stehen jedoch weitgehend auf der griechischen chromatischen Tonleiter – abwärts: a-ges-f-e-des-c-h-a –, die in Saties Skizzenbüchern eine große Rolle spielt. Satie könnte sie über Sammlungen von griechischen Volksliedern (von Bourgault-Ducoudray) oder auch über den Leiter der französischen Schule in Athen, nicht zuletzt aber durch die Weltausstellung 1889 mit ›Musiques bizarres à l'Exposition‹ kennengelernt haben. Wie es auch sei, nicht die Nähe zur griechischen Folklore hat den GNOSSIENNES ihre Verehrer eingebracht, sondern wie im Fall der GYMNOPÉDIES, die Neigung zur Cabaret-Atmosphäre.
Als Satie während seiner ersten Zeit in Montmartre das Geld ausgegangen war, nahm er im Chat Noir und später in der Auberge du Clou eine Stelle als zweiter Klavierspieler an. Es wurde ihm nachgesagt: »Er trank hervorragend und spielte schlecht.« Damit begann seine enge Beziehung zur ›leichten Muse‹, die er eher intensivierte als lockerte. Er begleitete häufig Chansonniers und komponierte viele Chansons, Walzer und Cabaret-Märsche. Eine Zeitlang war er damit bekannter als mit seinen anderen Kompositionen. Sein Nachlaß, den Milhaud bei Ausbruch des Zweiten Weltkrieges nach Amerika brachte, enthält vorwiegend Cabaret-Chansons, oft mit Texten von Satie (ESW 295, 313).
Bei dieser Musik geht es nicht um spitze Pointen, sondern um den unverwechselbaren Chanson-Schmelz. Die musikalische Herkunft ist das Café-concert, das sich aus Operettenrefrains, vor allem nach dem durchschlagenden Erfolg von Jacques Offenbach, aus Gassenhauern und Schlagern zusammengemischt hatte und sich damals größter Beliebtheit erfreute.
Bis zu seinem Lebensende bezog Satie Schlager, Operetten- und Cabaretmusik in seine anderen Arbeiten ein. Das gibt seinen Stücken den besonderen Klang und Charme und ist gleichzeitig einer der persönlichsten und modernsten Züge seines Œuvres.
Völlig anders in Klang und Architektur sind einige Stücke, die Satie fast gleichzeitig mit dieser pseudo-gräzisierenden Musik komponiert hat: die QUATRE OGIVES, zu deutsch »Spitzbögen« in der gotischen Architektur. Er war auf folgende Weise dazu gekommen: Um sich den Schwierigkeiten am Conservatoire endgültig zu entziehen, meldete er sich 1886 freiwillig zum

Militärdienst nach Arras. Dieser muß für ihn so unerträglich gewesen sein, daß er sich eine Nacht lang mit nacktem Oberkörper in kalten Regen und Wind stellte, sich dadurch eine Bronchitis zuzog, wegen der er entlassen wurde. Danach gibt es von ihm nur noch scharfe Äußerungen gegen das Militär.

Als er, vom Militärdienst befreit, nach Paris zurückkehrte, studierte er in der Bibliothèque Nationale den ›Dictionnaire raisonné de l'architecture Française du XIVe siécle‹ von Eugène Emmanuel Viollet-le-Duc; ein hervorragender Kenner des Mittelalters, beauftragt, Schlösser und Kirchen zu restaurieren; er stellte auch Notre Dame in Paris wieder her. In der Architektur heißt diese Rückbeziehung auf das Mittelalter ›Neugotik‹. In der Musik gab es Vergleichbares in der Choralreform von Solesmes, wo versucht wurde, die Originalgestalt des mittelalterlichen gregorianischen Chorals zu rekonstruieren, das bedeutete: Neugotik in Musik zu machen. Satie dürfte über seinen Lehrer Vinot in Honfleur davon gehört haben, war dieser Musiker doch ein Eleve der berühmten Ecole Niedermeyer, die sich für die Erneuerung der Kirchenmusik einsetzte. In Frankreich war diese Bewegung schon länger sehr stark. Seit dem Ende des 18. Jahrhunderts gab es eine breite Strömung, die sich wissenschaftlich um die Wiederherstellung der ursprünglichen Gestalt des gregorianischen Chorals bemühte. In seiner ›Histoire générale de la musique religieuse‹ (1861) bringt der Verfasser Felix Clément einen Anhang mit »nützlichen Werken zum Studium der Kirchenmusik«, in dem 115 Verfasser mit ungefähr 180 Titeln, zuzüglich einem Dutzend Aufsätzen von anonymen Autoren aufgeführt sind; die meisten befassen sich speziell mit dem gregorianischen Choral. – Man macht sich gewöhnlich nicht klar, daß es im vorigen Jahrhundert gleichzeitig mit der Hochblüte der klassischen und romantischen Musik einen solch starken Entwicklungszug gab, der sich mit der Musik des Mittelalters befaßte. Für Erik Satie ist die Beschäftigung mit mittelalterlicher Musik in diesen Jahren sicher nicht nur eine historische Arbeit gewesen, sondern auch – vermutlich sogar an erster Stelle – ein religiöses Bedürfnis. Seine Großmutter, die als außerordentlich fromme Frau beschrieben wird, dürfte ihn stark beeinflußt haben; nach ihrem Tod wurde der Großvater ein sehr eifriges Pfarrkind und Erik soll nach seiner Rückkehr nach Paris unablässig von seiner Religion gesprochen und viele Stunden im Halbdunkel von Notre Dame zugebracht haben. Er versuchte dann, von der Architektur angeregt, Neugotik auch in der Musik zu erstellen, und das hieß: Neogregorianik.

Seine QUATRE OGIVES bekunden, daß ihr Autor sich über die Struktur der mittelalterlichen Musik, zum Beispiel eines Parallelorganums, informiert hatte: die Stücke haben eine einstimmige Einleitungsmelodie (eine Zeile), die als Linie dreimal wiederholt wird, bereichert durch vollere oder dünnere Akkorde. Die Stücke haben keine Entwicklung, weil die Zeilen aneinandergereiht sind, Anfang und Ende der Stücke sind nicht zwingend, sie könnten früher anfangen oder länger dauern. Sie haben – wie die mittelalterliche Musik –, keine Taktstriche, keine metrischen Akzente, die Harmonik tendiert zu Kirchentonarten. Die OGIVES bestehen aus Klangblöcken. Nach diesem Muster sind auch die VEXATIONS gebaut.

Der Inhalt der OGIVES ist mystische Versenkung. Die Musik ist unpsychologisch, außerhalb von Freud und Leid des Individuums. Da Satie diese an der mittelalterlichen Musik gewonnenen Kompositionsprinzipien sein Leben lang beibehielt, komponierte er nie Ausdrucksmusik im Sinne des westeuropäischen Musikideals im vorigen Jahrhundert. Satie hat in seiner Zeit keine ›Verwandten‹ und auch keine Vorläufer, er ist Einzelgänger. Er fand sogar dank seiner Versenkung in den gregorianischen Choral eine Neuerung, die seinem Freund Claude Debussy zugeschrieben wurde, weil dieser sie häufig benutzte: die Parallelakkordik, worauf zum Beispiel das Stück ›La cathédrale engloutie‹ steht. Satie hat diese Art des harmonischen Fortschreitens außerhalb der funktionalen Harmonik früher als Debussy benutzt, das bezeugen die OGIVES. Da diese Stücke aber weithin unbekannt blieben, während Debussys Klavierwerke zum ständigen Konzert- und Liebhaberrepertoire gehören, erschien es lange so, als ob Debussy der Urheber wäre.

Die QUATRE OGIVES gehörten geradezu in eine Mode. Davon zeugt auch die Oper ›Le Rêve‹ von Alfred Bruneau, die 1891 in Paris aufgeführt wurde; dort setzt der Komponist zur Darstellung von frommem, priesterlichem Leben Parallelakkorde ein. Das renommierteste Beispiel für die Nähe zur Gregorianik ist die Oper ›Pelléas et Mélisande‹ (1892–1902) von Claude Debussy. Auch er hatte sich wie Satie in die mittelalterliche Musik versenkt, doch zog er daraus nicht solch radikale Konsequenzen wie dieser. Man hat bisher diesen neugotischen Entwicklungszug in der Musik, der durch das ganze 19. Jahrhundert in Frankreich zu verfolgen ist und in Saties und Debussys Werken Höhepunkte erlebt, nicht in seiner Eigenständigkeit erkannt. Das mag daran gelegen haben, daß man zum einen die Wiederherstellung des authentischen gregorianischen Chorals als eine interne Angelegenheit der Kirchenmusik betrachtete, und zum anderen Debussy als Impressionisten und Satie als Spaßmacher eingeordnet hat.

Gewiß, Saties OGIVES waren nicht unzeitgemäß, sondern geradezu modisch; allerdings hat keiner seiner Zeitgenossen die Anregung aus der mittelalterlichen Musik so radikal benutzt wie Satie. Diese Radikalität – die sein Freund Contamine de Latour wahrscheinlich mit Recht als Notlösung aus mangelhaften kompositorischen Kenntnissen darstellt – entwickelte sich zu Saties Personalstil. Er ließ von den am Mittelalter gelernten Zügen nicht mehr ab und tat dazu noch den entscheidenden Schritt: er verband sie mit seinen Cabaret-Erfahrungen.

Satie bezog Schlager, Operetten- und Cabaret-Musik in die sogenannte ›ernste‹ Musik in einem Maße ein, daß bis heute nicht entschieden ist – zum Beispiel bei Rundfunkanstalten –, ob seine Musik in die Sparte Unterhaltungsmusik oder ›ernste‹ Musik gehört. Exakt das ist es aber, was seinen Arbeiten – wozu auch seine Texte gehören – nunmehr fast 70 Jahre nach seinem Tod so viele Freunde und Verehrer beschert.

Wie er es bei seinem ersten Klavierlehrer Monsieur Vinot erfahren hatte: Kirchenmusik plus Operette, so fügte es sich für den 20jährigen Erik Satie:

Von Satie gezeichnete Orgel. Saties Schwester Olga überliefert, daß Satie während dieser frommen Phase glaubte, nach dem Diktat eines mittelalterlichen Heiligen zu handeln.

in der Kathedrale in religiöse Mystik versunken wie auch Klavierspieler im Chat Noir, am Mittelalter orientierte SPITZBÖGEN wie auch cabaretnahe langsame Walzer, die GYMNOPÉDIES. Aus dem sachlich kühlen Rückblick war das eine vielversprechende Zeit für ihn. Wie sah er das selber?

Nach einer recht kurzen Knabenzeit wurde ich ein einigermaßen genießbarer junger Mann, nichts weiter. In diesem Augenblick meines Lebens begann ich musikalisch zu denken und zu schreiben. Nun ja ... Ein schlechter Einfall ... ein wirklich schlechter Einfall! Denn ich zeigte unverzüglich eine mißliebige Originalität (eine originale), aus dem Rahmen fallende, anti-französische, widernatürliche usw.
Da wurde das Leben für mich so unerträglich, daß ich beschloß, mich auf meine Ländereien zurückzuziehen und meine Tage in einem elfenbeinernen oder sonstwie metallischen Turm zuzubringen.
Auf diese Weise bekam ich Geschmack an der Misanthropie, pflegte die Hypochondrie und wurde der »schwer-wie-Blei-mütigste« Mensch. Es war ein Jammer, mich anzusehen, selbst durch einen Zwicker aus echtem Gold. Nun ja.
Und all das stieß mir zu wegen der Musik. Diese Kunst brachte mir mehr Schlechtes als Gutes: sie hat mich mit sehr vielen Leuten von Rang und Stand, sehr ehrenwerten, mehr als vornehmen, höchst untadeligen Leuten verfeindet. Lassen wir das. Ich werde auf diesen Punkt zurückkommen. (E 26)

Péladan forderte Satie auf, für die Zusammenkünfte der Rosenkreuzer besondere Musik zu schreiben und ernannte ihm zum ›Kantor der Rosenkreuzer‹. Für die SONNERIES DE LA ROSE + CROIX zeichnete der in diesem Kreis hochverehrte Maler Puvis de Chavannes (1824–1898) das Titelblatt. Satie äußerte sich damals anläßlich der Komposition von LE FILS DES ETOILES: *Das Orchester sollte keine Grimassen schneiden, wenn eine Person die Bühne betritt. Verziehen denn die Bäume der Dekoration die Gesichter? Man müßte eine Art Musikdekoration machen, ein musikalisches Klima, in dem die Personen sich bewegen und sprechen. Keine Arien, keine Leitmotive – man sollte eine Atmosphäre wie bei Puvis de Chavannes schaffen.* (ESW 86)

In der Zeit, als Erik Satie sich sowohl dem Cabaret wie auch dem Mittelalter verschrieb, entwickelte sich bei den französischen Intellektuellen ein Wagnerkult, der die Franzosen als konsequentere Wagneranbeter auswies als die Deutschen. Sein Name wurde 1833 zum ersten Mal in Paris genannt. Während seiner Pariser Jahre 1839 bis 1842 machte Wagner als Mitarbeiter der ›Revue et Gazette musicale‹ von sich reden. Die französische Presse berichtete in den folgenden Jahren von allen Premieren seiner Opern, bis im Jahre 1850 die Ouvertüre zu ›Tannhäuser‹ als erstes Werk Wagners in Paris gespielt wurde.

Zustimmung und Ablehnung hielten sich für einige Jahre die Waage. Am striktesten gegen Wagner und seinen Glauben an »Zukunftsmusik« äußerte sich François-Joseph Fétis. Seine Alternative hieß: Zurück zur Vergangenheit, eine Position, auf der Satie zunächst ebenfalls stand, ohne ahnen zu können, wie mühelos er von dort aus in den Dunstkreis, sogar ins Zentrum des ›wagnérisme‹ gezogen werden sollte.

Auf der anderen Seite stand Baudelaire. 1860 besuchte er ein Konzert im Théâtre Italien, bei dem Wagner eigene Musik dirigierte. Das Publikum brachte Wagner wie in einer Verschwörung eine Niederlage bei, die Zeitungsbesprechungen waren durchweg ablehnend. Das folgenschwerste Ereignis bei diesem Konzert war jedoch die Anwesenheit Baudelaires. Er beschrieb im Jahre darauf in seinem Wagner-Aufsatz den Rausch, in den ihn Wagners Musik versetzt hatte:

»Ich erinnere mich, daß ich von den ersten Takten an einer der glücklichsten Empfindungen erlag, die fast alle phantasievollen Menschen durch den Traum oder durch den Schlaf kennen. Ich fühlte mich von den Fesseln der Schwere befreit ... Er [Wagner] besitzt die Kunst, mit feinen Nuancen alles, was es an Außergewöhnlichem, Großem, Hochfliegendem im geistigen und unverdorbenen Menschen gibt, wiederzugeben. Wenn man dieser glühenden und vergewaltigenden Musik lauscht, scheint es manchmal so, als ob man – zerfetzt von Hirngespinsten – schwindelerregende Opium-Vorstellungen auf den Grund der Finsternis gemalt fände. Von diesem Augenblick an war ich von dem Wunsch besessen, mich mehr und mehr in diese einzigartigen Werke einzuhören. Ich hatte ein spirituelles Ereignis, eine Offenbarung erfahren. Mein Lustgefühl war so furchtbar gewesen, daß ich nicht anders konnte als immerfort dorthin zurückzukehren.«

Das wirkte wie eine Infektion. Vorwiegend die Literaten steigerten sich in den Wagner-Rausch. Wagners Philosophie, sein von Schopenhauer überkommener Pessimismus, seine Vergöttlichung der Kunst, seine Auffassung, daß die Kunst die überlebte Religion ersetzen müsse – diese Gedanken berauschten. Dagegen blieben die musikalischen Mittel, mit denen dieser Rausch erzeugt wurde, unbesprochen. So ließ sich ein Wagner-Kult, der ›wagnérisme‹, errichten ohne Berücksichtigung von Wagners Musik. Kunst trat an die Stelle von Religion.

Das war exakt die geistige Position von Joséphin Péladan, dem Großmeister der Rosenkreuzer, des ›Ordre de la Rose + Croix du Temple et du Graal‹. Mit seiner Mischung aus Okkultismus, Bizarrerie, Idealismus und Kitsch hat er in den neunziger Jahren auf viele Pariser Intellektuelle großen Einfluß ausgeübt. Er setzte Mystik und Magie gegen Bewußtheit und Wissenschaftlichkeit, er versuchte Wagner gegen Taine auszuspielen und war damit in dieser Epoche des Parsifal nicht der einzige. In Frankreich befürworteten Huysmans, Léon Bloy, Paul Adam und Rémy de Gourmont Re-

Satie und Debussy im Jahre 1911. Sie hatten sich im Chat Noir kennengelernt. Debussy war einer der Wenigen, die Saties musikalische Eigenart erkannten, und er verteidigte ihn gegen Schmähungen, zum Beispiel im Fall des ›Christlichen Balletts‹ USPUD. Debussy nannte Satie einen ›sanften mittelalterlichen‹ Musiker und Satie komponierte nach Debussys Tod ein Lied nach einem Text von Lamartine mit den Worten: ›... ein einziges Wesen fehlt und die Welt ist ausgestorben ...‹

ligiosität als Gegenposition zum Positivismus. Literarisch hat Péladan auf Maupassant, Claudel, Jarry und Maurras gewirkt.
Erik Satie stand damals allem Esoterischen sehr nahe, hatte bereits die Schriften Péladans gelesen und er war wohl sehr erfreut, als er den Großmeister der Rosenkreuzer persönlich kennenlernte; das geschah vermutlich über den Maler Marcellin Desboutin, der gerade Péladan im Kostüm eines venezianischen Dogen gemalt hatte, und der auch mehrere Porträts von Satie anfertigte, zum Beispiel das Doppelbild vor und nach seiner Einkleidung zum Militär.
1888 hatte Péladan den ›Ordre da la Rose + Croix‹ katholischer Prägung ins Leben gerufen. Triebfeder war für ihn wie auch für die früheren Rosenkreuzbünde die Kritik an der Gegenwart. In seinen Schriften, die 40 oder 50 Bände umfassen, wetterte er gegen die Demokratie, die eine Massenherrschaft sei, gegen Verbürgerlichung und Vulgarisierung, und gegen den Materialismus als deren Ursache. Dagegen verherrlichte er das Mittelalter und träumte sich zurück in das »Morgenland, das ursprüngliche Vaterland«; angeregt durch seinen Bruder, der Assyrologe gewesen war, behauptete er, ein Nachkomme der babylonischen Könige zu sein. Die Gegenwart war in seinen Augen krank; Heilung versprach er sich von einer Rückkehr zum Spirituellen, zum Okkulten, zu Mystik und Magie. Die einzig wahre Magie aber war in seinen Augen die Kunst. Religion und Kunst waren für ihn das Gleiche: »Das Kunstwerk soll ein Gebet sein, das Geschöpf und Schöpfer vereint.« Daraus ergaben sich seine Präferenzen in der Kunst. Er schätzte Da Vinci, Michelangelo, Beethoven und Wagner.
Péladan veranstaltete zwischen 1892 und 1897 jedes Jahr eine Ausstellung, die ›Salons de la Rose + Croix‹, die der »sieghaften Manifestation der Gesetze der Schönheit« dienen sollten. Dort wurden auch Bühnenstücke des ›Sâr‹ aufgeführt. Er nannte sie »wagnéries«, weil sie nach seiner Ansicht Wagnerschen Geist atmeten. Erik Satie erhielt den Auftrag, für eins dieser Stücke, LE FILS DES ÉTOILES, Musik zu komponieren.
Der Sâr erwartete von Satie Musik im Stile Wagners, möglichst ähnlich der zum Parsifal. In den drei Kompositionen, die Satie für den Rosenkreuzorden schrieb – PREMIÈRE PENSÉE ROSE + CROIX, TROIS SONNERIES DE LA ROSE + CROIX und LE FILS DES ÉTOILES –, bediente er sich nun keineswegs wagnerischer Mittel – er hätte es vermutlich wegen seiner mangelnden Ausbildung auch gar nicht gekonnt –, sondern er benutzte die Elemente mittelalterlicher, gregorianischer Musik, die er sich angeeignet hatte. Er komponierte Musik, die »mystisch« gemeint war, »musique à genoux«, Musik auf Knien, wie er sie verstand. Im Vergleich zu dem glutvollen, psychologisierenden Mystizismus Wagners war Saties Musik »weiß«, »blanc« und »hiératique«, priesterlich. Über das erste Prélude von LE FILS DES ÉTOILES schrieb er *En blanc et immobile*. Diese Formulierung könnte für Saties gesamte Musik gelten, sie nimmt die Bezeichnungen *dépouillé* (abgehäutet) oder *sans sauce* (ohne Soße) vorweg, die später anläßlich von SOCRATE gebraucht wurden.
Der Sâr jedoch hielt Saties Musik für wagnerisch oder zumindest orientalisch und empfand keinen Gegensatz zu seinem eigenen Konzept, wo er

sogar mit Leitmotiven spielte. Das gemeinsame Werk LES FILS DES ÉTOILES ist auf dem Plakat als *wagnérie kaldéenne* (Wagnerie aus Chaldäa = Babylon) bezeichnet.
Die Verbindung Saties mit den Rosenkreuzern dauerte nur kurz. Er trennte sich und rechtfertigte sich in einem offenen Brief für den Bruch mit Péladan. Was hatte die beiden vereint? Der Hang zum Mystischen und die Verehrung für die Vergangenheit, das Mittelalter. Selbst die Neigung zum Exotischen ist ihnen gemeinsam: bei Péladan bezieht sie sich auf das Zweistromland, bei Satie auf Griechenland. Was trennte sie? Die musikalische Ästhetik, die Satie zum »Weißen«, »Bleichen« führte, wo Péladan an Wagnersche farbige Opulenz dachte. Péladan verstand so wenig von Musik – oder er war so autistisch –, daß er den Unterschied zu Satie nicht wahrnahm.
Auf seinen Schmierblättern bekundete Satie offen seine Abneigung gegen Wagner, er schrieb ironische Sätze, die den ganzen französischen ›wagnérisme‹ betrafen:

> ... Sie wissen gut, daß Wagner Franzose war ... er war sehr deutsch-französisch – der teure Mann – wie übrigens alle guten Franzosen ... Wer Wagner nicht liebt, liebt Frankreich nicht. Wissen Sie nicht, daß Wagner Franzose war? – aus Leipzick ... aber sicher ... vergessen? ... schon? Sie ein Patriot? ... (E 28)

Zu seinem Freund Claude Debussy sagte er ganz deutlich, was er meinte:

> Ich schrieb damals gerade den Fils des étoiles nach einem Text von Joséphin Péladan, und ich erklärte Debussy, daß es für einen Franzosen notwendig sei, sich vom Wagner-Abenteuer zu lösen, weil das nicht unserer Natur entspricht. Ich ließ ihn auch wissen, daß ich keineswegs Anti-Wagnerianer war, aber daß wir eine Musik nach unserer Art haben müßten, wenn möglich ohne Sauerkraut. (E 69)

»Wie eine Nachtigall mit Zahnschmerzen.«

Das ist eine Spielanweisung für den Pianisten. Sie steht bei einer besonders gefühlvollen Kadenz in dem Stück D'HOLOTHURIE, dem ersten der drei VERTROCKNETEN EMBRYOS, komponiert im Jahre 1913.
Schon in den GNOSSIENNES, also 1890, findet sich die Eigenart Saties, anstelle der gewohnten Ausdrucksbezeichnungen eigene Worte, Sätze, Bemerkungen in den Notentext zu schreiben. Sie sind oft so skurril, daß sie dem Verfasser im Lauf der Jahre den Ruf eingebracht hatten, einer der witzigsten Köpfe von Paris zu sein. Contamine de Latour erzählt, wie sie entstanden sind:
»Satie wollte die italienischen Vorschriften in der Musik wie piano, pianissimo, dolce, mezzoforte durch andere auf seinem Mist gewachsene und unendlich weniger klassische ersetzen, wie etwa: En se regardant soi même venir [sich selber kommen sehend], Avec la crainte de l'absçons [in der Furcht vor dem Unklaren], Mirifique et convenable [großartig und angemessen]. Er amüsierte sich wie verrückt über seine eigenen Erfindungen.« (L I)
Es ist viel gerätselt worden, ob diese Formulierungen wirklich als Spielanweisung zu verstehen sind oder nicht, ob sie überhaupt ausführbar sind. Auf den ersten Blick antwortet man »Nein«. Bei genauerem Hinsehen verstärkt sich die Vermutung, daß diese Bemerkungen mehr sein sollen als Spielvorschriften, sie haben etwas mit dem Inhalt zu tun. Das läßt sich bereits an den besonders umstrittenen Texteinwürfen in den GNOSSIENNES aufweisen: Man braucht nur im Gedächtnis zu behalten, daß es sich um Lieder aus Knossos, den ausgegrabenen antiken Palast mit dem dunklen, verwirrenden Labyrinth und dem menschenverschlingenden Minotaur handelt, um die Doppelbedeutung mancher Worte zu erkennen:

> Wie es schimmert ... Schritt für Schritt ...
> ... voll Verwunderung ... nicht weggehen ... mit warmem Herzen ... sich sorgfältig prüfen ... sich mit Hellsichtigkeit wappnen ... allein, für einen Augenblick ... als ob man eine Höhle erreicht ... so verloren ... ganz weit tragend ... den Kopf aufmachen ... den Klang vergraben ...

Wie sehr oft bei Satie ist die Trennungslinie zwischen Ernst und Ironie nicht leicht zu ziehen, und man sollte nicht versuchen, gewaltsam eindeutig zu machen, was er selber in der Schwebe ließ.

Ab 1912 vergrößerten sich diese Bemerkungen zu kleinen Geschichten. Anscheinend fing für Satie die Komposition eines Klavierstücks nicht mit dem musikalischen Einfall an; er dachte sich wohl zuerst eine reizvolle Begebenheit aus, meistens eine kleine Szene, die er für tonmalerisch gut darstellbar hielt, diese formulierte er dann als Text, im Stil eines Gedichts mit freien Zeilen und ohne Reim. An diesen Geschichten komponierte er entlang und ließ dabei keine Möglichkeit zur Tonmalerei aus. Die Texte sind jedoch nicht singbar, das heißt: es gehören nicht zu bestimmten Tönen Silben und nicht zu bestimmten Zeilen Melodien, man kann die Texte eher mit Untertiteln im Stummfilm, oder Kommentaren in Rundfunkreportagen vergleichen. Sie geben Hinweise auf das, was in der Musik gerade geschieht oder eine Ankündigung dessen, was kommen wird. Sie beziehen sich jedoch nur auf die wichtigsten Punkte der Handlung, sie schmücken nicht detailliert aus, sie sind sehr kurz.

Nur wenige Klavierstücke Saties haben diese irritierenden Bemerkungen nicht – oder noch nicht: die frühen SARABANDES, OGIVES, GYMNOPÉDIES und die PRÉLUDES. Die dann folgenden etwa 50 Stücke sind gespickt mit Worten oder kleinen Szenen. Saties offenkundiges Vergnügen an Miniaturszenen wird vielfach als typisch französisch angesehen. Doch liegt darin im Fall von Satie mehr: Es offenbart sich eine enge Beziehung zum Literarischen überhaupt, die Lust zu schreiben, die sich auch in seinen Texten ohne Musik zeigt. Wenn man jedoch die Geschichten, die er ab 1912 für die Klavierstücke erfand, genau ansieht, dann entdeckt man neben der Formulierlust und der Virtuosität in Wortspielen sehr deutlich ein inhaltliches Anliegen. Um sein privates Befinden ging es – soweit erkennbar – allerdings kaum; eine Ausnahme machen höchstens die Überschriften zu den DANSES GOTHIQUES.

Die äußerst boshaften Pointen der Texte nehmen das Militär, das Geld oder angesehene Komponisten der Zeit – ›ces Messieurs là‹ – aufs Korn. Mit den Musikerkollegen, die für Satie gewiß keine waren, setzte er sich besonders ironisch-aggressiv auseinander. Wer sind zum Beispiel diese VERTROCKNETEN EMBRYOS? Den Steckbrief für jedes dieser drei Lebewesen setzt Satie unter die Überschrift des jeweiligen Stückes:

1. Von der Holothurie: Die Unwissenden nennen sie die »Meeresgurke«. Die Holothurie klettert gewöhnlich auf Steine oder Felsblöcke. Dieses Meerestier schnurrt wie die Katze; außerdem spinnt es eine herabtropfende Seide. Licht scheint es zu stören. In der Bucht von Saint-Malo habe ich eine Holothurie beobachtet.
2. Von der Edriophthalma: Krustentiere mit ungestielten Augen, das heißt ohne Stengel und feststehend (die Augen). Von sehr tristem Naturell leben diese Krustentiere zurückgezogen von der Welt, in den von Löchern durchbohrten Felsklippen.
3. Von der Podophthalma: Krustentiere mit Augen auf beweglichen Stielen. Sie sind geschickte und unermüdliche Jäger. Man trifft sie in allen Meeren. Das Fleisch der Podophthalma ist eine Köstlichkeit.

Es gehört zur großen französischen Tradition, Tierfabeln zu schreiben, wenn man Zeitgenossen angreifen will. Bei diesen drei Tieren, die zudem nur im Zustand des *vertrockneten Embryos* existieren, ist jede, noch so sarkastische Ausdeutung erlaubt. Wer sind sie, die Drei? Kritiker? Komponistenkollegen? Akademiedirektoren? Sie zu verspeisen, stellte der Autor sich jedenfalls sehr köstlich vor.

Man kann die Texte alle durchsehen, immer haben sie bissige Pointen, die man heute kaum noch alle entschlüsseln kann. Ungeschoren kommen allein die Kinder weg in den Texten, die er in die Kinderstücke, die ENFANTINES, hineingeschrieben hat. Und selbst jedes dieser Stücke hat einen Witz wie ein Cabaretchanson. Wegen dieser zugehörigen Texte ist es schwierig, Saties Klavierstücke in der Geschichte der Klaviermusik zu plazieren. Sie in der Nachfolge von Chopin, Schumann oder Debussy zu sehen, ist sicher falsch, da die Texte als ebenso wichtig wie die Musik erachtet werden müssen. Wenn man den ungedruckten Nachlaß Saties prüft, entdeckt man zahlreiche Chansons, die den Klavierstücken mit den kleinen Geschichten sehr ähnlich sind. Saties Klavierstücke stehen nicht in der Tradition des lyrischen Klavierstücks, sie stammen vielmehr vom Cabaretchanson ab. Es sind Chansons ohne Stimme. Das hat Auswirkungen auf die Interpretation, was an späterer Stelle ausgeführt werden soll.

»Ich esse nur weiße Lebensmittel.«

Erik Satie Compositeur de musique, so bezeichnete er sich selber. Das ist sicher nicht falsch, aber er hätte fast mit dem selben Recht auch schreiben können: Erik Satie Ecrivain.

Je mehr man sich mit seinem Lebenswerk befaßt, um so deutlicher erkennt man, daß seine Beziehung zur Literatur so eng war wie die zur Musik. Das »Laster« des Lesens lag anscheinend in der Familie. Als Großvater Jules gestorben war, kaufte Onkel ›Sea-Bird‹ eine Buchhandlung und Alfred, der Vater, widmete sich in Paris nach dem Tod seiner schottischen Frau dem Studium von Sprachen, besuchte die Sorbonne und das Çollège de France, traf sich sonntags bei Albert Sorel mit Akademikern und solchen, die es werden wollten.

Sohn Erik las viel, vor allem die Schriftsteller, die der Vater schätzte: Dumas Père, Chavette, Alphonse Karr, Méry, Musset, und er entdeckte Hans Christian Andersen, dessen Märchen ihn bis zu seinem Tode begleiten sollten.

Sein Jugendfreund, der Spanier J. P. Contamine de Latour, bezeichnete sich selber als Schriftsteller; die beiden Freunde parodierten gemeinsam in ihrem »christlichen Ballett« USPUD die ›Versuchung des heiligen Antonius‹ von Flaubert. Während seiner Militärzeit las Satie bereits, ohne den Autor zu kennen, die Schriften von Péladan. Nach der Befreiung vom Militärdienst brachte er viele Stunden in der Bibliothèque Nationale zu, nicht nur um mittelalterliche Baukunst zu studieren, sondern auch um seiner Lesewut zu frönen. Er sei ein hochgebildeter, belesener Intellektueller gewesen, berichten die, die ihn kannten.

Saties eigene literarische Produktion ist umfangreich. Sie enthält fingierte autobiographische Texte, Aphorismen, ein Bühnenstück, Vorworte zu Kompositionen, Texte zu den Klavierstücken. Er hatte Spaß am Formulieren, machte sich offenbar unentwegt Notizen und bewahrte sie auf. Das beweisen die 4000 Zettel, die sich nach dem Tod in einer Zigarrenschachtel in seinem Zimmer fanden.

Unter den autobiographischen Texten gibt es die brillantesten Arbeiten, Glanzpunkte für jedes Satie-Programm, das auch seine literarische Seite zu Wort kommen lassen will: der TAGESLAUF EINES MUSIKERS mit der minutengenauen Aufzählung seiner täglichen Verrichtungen, mit detaillierter Auskunft über seinen Schlaf – *ich schlafe nur mit einem Auge, mein Schlaf ist sehr fest* – über seine Kleidung – *ich trage eine weiße Kappe, weiße Strümpfe und eine weiße Weste* – und über seine Eßgewohnheiten: *ich esse nur weiße Lebensmittel ...* (E 22)

Saties LOBREDE AUF DIE KRITIKER von 1921 könnte in jeder Sammlung sarkastischer Texte stehen:

> Ich habe im letzten Jahr mehrere Vorträge über »Intelligenz und Musikalität bei den Tieren« gehalten. Heute werde ich über »Intelligenz und Musikalität bei den Kritikern« sprechen. Es ist fast das gleiche Thema, mit Modifikationen, versteht sich. (E 76)

Und dann hagelt es versteckte freche Angriffe auf die Kritiker, voll unbeschreiblicher Ironie.

Die VERSTECKTEN WINKEL MEINES LEBENS, als fingierter Vortrag formuliert, mit der häufigen Einfügung *Lassen wir das. Ich werde auf diesen Punkt zurückkommen* (E 25f.), gibt über die wirklich versteckten Winkel seines Lebens keine Auskunft – wie bereits erwähnt. Sie betreffen mehr seinen Weg zur Musik, allerdings recht ironisch. Über seine Existenz als Musiker gibt es außerdem den Text WAS ICH BIN von 1912 mit dem Anfangssatz: *Jeder wird Ihnen sagen, daß ich kein Musiker sei. Das stimmt.* (E 19) O. Séré hatte das behauptet in seiner Schrift ›Musiciens français d'aujourd'hui‹. Er beschreibt dann mit erfundenen komplizierten Fremdworten, die als Persiflage auf Wissenschaftlichkeit zu werten sind, daß er sich unter die *Phonometrographen* eingereiht habe, daß seine Arbeiten reine *Phonometrik* seien und daß der *Geist der Wissenschaft* dort herrsche. Im übrigen:

> Nehmen Sie bitte zur Kenntnis, daß ich meine gesamte Musik selber mache ... alle Been (die besonders), alle Kreuze (sogar die doppelten) werden total, also von Kopf bis Fuß, von mir angefertigt. Das Ganze ist sehr selten und bezeugt eine große Stärke des Charakters. (E19)

Vom Jahr 1912 an veröffentlichte Satie solche Texte in Zeitschriften, als Angriff auf den Musikbetrieb und die Musikkritik und zur Selbstverteidigung.

Auch einige Vorworte zu musikalischen Werken sind literarische Kabinettstücke. Dazu gehört die »Widmung« zu LE FILS DES ÉTOILES mit dem Satz: *Möge der gerechte Zorn Gottes die Überheblichen und die Unsittlichen zermalmen.* Der ganze Spott auf akademische Musik kommt im Vorwort zu SPORTS ET DIVERTISSEMENTS zum Vorschein:

> Diese Publikation besteht aus zwei künstlerischen Elementen: Zeichnung und Musik. – Der graphische Teil ist durch Linien gestaltet, der musikalische Teil wird durch Punkte – schwarze Punkte dargestellt. Diese beiden Teile in einem einzigen Band vereinigt, bilden ein Ganzes: ein Album. Ich empfehle in diesem Buch mit liebevollem und lächelndem Finger zu blättern, denn dies hier ist ein leichtes, munteres Werk. Daß man ja nichts anderes darin sehe.
>
> Für die »Verschrumpelten« und die »Verblödeten« habe ich einen ernsten, vorschriftsmäßigen Choral geschrieben. Dieser Choral ist so etwas wie eine bitter schmeckende Präambel, eine Art von anödender und un-oberflächlicher

Einleitung. – Ich habe alles hineingelegt, was ich an Langeweile kenne. Diesen Choral widme ich denen, die mich nicht mögen.
Ich empfehle mich. Erik Satie

Dann folgt als erste Nummer der Serie der APPETITVERDERBENDE CHORAL mit den Quasi-Spielvorschriften *Ernst und schwer … mürrisch und kratzbürstig … heuchlerisch … 15. Mai, morgens nüchtern.*
Noch vor der Jahrhundertwende begann er mit Notizen für sein Theaterstück LE PIÈGE DE MÉDUSE für vier Personen und einen ausgestopften Affen. Die Uraufführung fand erst 1921 im Théâtre Michel statt. Satie sah sich selber in der Figur des Baron Méduse, obwohl es biographisch keine Ähnlichkeiten gibt. Knapp, witzig, mit einem guten Schuß Ironie auf Zeittendenzen, zum Beispiel auf die Gewerkschaften oder auch auf den Neoklassizismus (in der Musik zu den unnachahmlichen Tänzen des Affen), kann man das Stück als frühes Beispiel für Absurdes Theater ansehen.
Eine wahre Fundgrube sind die vielen einzelnen Sätze, die man gerechterweise Aphorismen nennen muß. Wer sie öfter gelesen hat, wird sie im Gedächtnis behalten und sie wie gepfefferte, ironische oder entwaffnend realistische Sprüche bei vielen Gelegenheiten zu zitieren Lust haben. Sie sind Ohrwürmer in Worten:

Man muß ernst sein im Leben, ich kenne nur das. Alles muß ernsthaft getan sein: ist man dumm, so soll man es ernsthaft sein …
Ich kann nicht einsehen, warum Geld nicht stinken sollte, wo es doch sonst alles kann …
Man schätzt zu wenig den Stand der Armut, das ist ein Zeichen für tiefgreifende Störungen … (E 90)

Die kleinen Geschichten, die Satie ab 1912 in seine Klavierstücke schrieb, lesen sich wie eine Gedichtsammlung. Die unterschiedlichsten Themen werden behandelt: Tiere, Sport, Kinder, Geld, Militär ... Manche dieser Texte klingen surrealistisch, zum Beispiel DIE JAGD aus SPORTS ET DIVERTISSEMENTS:

Hörst du das Kaninchen singen?
Welch eine Stimme.
Die Nachtigall ist in ihrem Erdloch.
Die Eule säugt ihre Kinder.
Das Wildschwein macht Hochzeit.
Und ich, ich knalle Nüsse ab, mit dem Gewehr.

Uneingeschränkt liebenswürdige Texte gibt es bei den Kinderstücken, den ENFANTINES:

SCHLAFLIED
Der Tag ist zu Ende, Peterchen geht zu Bett.
Er ist sehr, sehr brav gewesen.

Seine Mutter küßt ihn.
Er legt sich ins Bett,
zufrieden mit sich selbst und sagt:
Werden Großpapa und Großmama erfahren,
daß ich sehr brav gewesen bin?
Ja, antwortet die Mama.
Wer wird es ihnen sagen?
Sie werden es in der Zeitung lesen.
Peterchen schläft ein, ganz stolz.

Saties literarische Produktion steht in engen stilistischen und inhaltlichen Beziehungen zur Literatur seiner Zeit, so auch die Offenen Briefe von 1892, die er als Oberhaupt des von ihm gegründeten Ordens ›Eglise Métropolitaine d'art de Jésus Conducteur‹ – dessen einziges Mitglied er selber war – verfaßte. In ihnen griff er mit einem altertümelnden Französisch und verklausulierten Redewendungen, die auch in der Literatur schon seit etwa 50 Jahren beliebte Koketterie mit dem Mittelalter auf. Der ›Glöckner von Notre Dame‹ von Victor Hugo (1831) ist ein markanter Punkt in diesem Zusammenhang. Wie Hugo kann man auch Satie oder dem Chat Noir mit seinen mittelalterlichen Accessoires vorwerfen, das Mittelalter nur als »dekorative Attrappe« zu benutzen. Die Benutzung der mittelalterlichen Bühne für seine Gegenwart ist noch deutlicher bei Alfred Jarry zu erkennen, der wie Satie mittelalterliche Literatur studiert hatte, bevor er in seinen Dichtungen, von denen ›Ubu Roi‹ die bekannteste ist, wie im Spätmittelalter Burleske und Mystik miteinander zu verquicken sich bemühte. Musikalisch befürwortete er eine Mischung aus Chorälen und Trinkliedern. Es ist nicht bekannt, ob Satie und Jarry sich persönlich gekannt haben, doch lassen sich wesentliche Gemeinsamkeiten eben auch im literarischen Stil feststellen, beide geben sich damit als Angehörige einer größeren Strömung in der französischen Literatur zu erkennen: Satie liebt wie Jarry, wie Mallarmé, wie Lautréamont und Rimbaud, sogar wie Victor Hugo und Baudelaire fremde, entlegene und selbstgemachte Wörter. Die witzigsten Beispiele sind die Namen der drei bereits erwähnten EMBRYOS. Auch das Spiel mit Gegensätzen, zum Beispiel die ERINNERUNGEN EINES GEDÄCHTNISLOSEN ist eine Gemeinsamkeit der Zeit. Ihr liegt die Dialektik der Romantik, aber auch die mittelalterliche coincidentia oppositorum zugrunde. Künstlerisch bietet das die Chance, das Entfernteste zu verbinden, also die Simultaneität verschiedener Zeiten, Epochen, Orte, das Durchdringen von Wirklichkeit und Unwirklichkeit, die Möglichkeit, traumähnlich alles miteinander zu verknüpfen. Die Grundlage für die surrealistische Dichtung ist gelegt: das Herz mit den kleinen Füßen, das sich schaukelt, – das Kaninchen, das singt, – die Nachtigall mit Zahnschmerzen ...

Das wichtigste Bestreben der Literatur dieser Jahre war, den Gefühlsdunst aus der Kunst zu vertreiben. Auch dazu liefert Satie Beispiele mit seinen Titeln LIEDER ZUM VERJAGEN oder KALTE STÜCKE. Ein prominenter Be-

fürworter der Entrümpelung der Dichtung vom Emotionsballast war Mallarmé. Er soll einem Besucher auf dessen Frage, ob er nie in seinen Versen weine, geantwortet haben: »Und ich schneuze mich auch nicht.«
Für Mallarmé war Literatur das Produkt eines »Sprachlaboratoriums«. Satie machte sich diesen Spott auf die sogenannte künstlerische »Wärme« gern für die Musik zunutze, indem er kaltschnäuzige Bemerkungen als Störfeuer für den Pianisten und den Zuhörer in die Noten schrieb.
Er machte sich mit der Formulierung *Ich esse nur weiße Lebensmittel* über ein literarisches Ideal lustig, dem er selber sich verschrieben hatte. Wenn er in LE FILS DES ÉTOILES über ein Prélude schrieb *En blanc et immobile*, dann bezog er sich auf Mallarmé, bei dem es kein Gedicht ohne die Farbe »blanc« gibt, der sogar versuchte, in dem Gedicht ›Un coup de dés‹ das Weiß mit typographischen Mitteln wirksam zu machen: die Worte sind wie Sterne über die Seite gestreut, die weißen Stellen sind genauso wichtig wie die Worte.
Auch Saties nach wie vor zugkräftigste Skurrilität, seine Wiederholungsmanie, ist nicht seine Erfindung, sondern ein Stilmittel der Zeit. Satie notiert zu der Zeile *»Salbung Karls X.«* aus VIEUX SEQUINS ET VIEILLES CUIRASSES, daß sie 267mal, zu den VEXATIONS, daß sie 840mal wiederholt werden sollen, zum TANGO aus SPORTS ET DIVERTISSEMENTS, daß er nie aufhören solle: *perpétuel*. Man denkt an Gertrude Stein, die nicht müde wurde zu beteuern: »Eine Rose, ist eine Rose, ist eine Rose ...«. Man denkt aber auch an Jarrys ›Surmâle‹, der eine Liebesinspiriermaschine erfand, die ihn zu gesteigerten sexuellen Leistungen antreiben sollte, nämlich dazu, 84mal hintereinander den Geschlechtsakt zu vollziehen.
Im Bereich der modernen Kunst ist Wiederholung schon längst kein Mittel zur Parodierung mehr, sondern ein Bauprinzip. Satie hatte Sinn dafür, weil er im Studium der mittelalterlichen Musik gelernt hatte, daß Musik nicht auf ein Ziel zusteuern muß. Ohne dieses Denken hätte er keine MUSIQUE D'AMEUBLEMENT erfinden und keine Musik zu dem Film ENTR'ACTE schreiben können. Ein großer Teil seiner Modernität und Aktualität beruht darauf, nicht zuletzt auch seine Nähe zur ›Minimal Music‹.
Trotz der vielfältigen Beziehungen, vielleicht auch Übernahmen aus der jeweils zeitgenössischen Literatur bleibt Saties eigene literarische Qualität die absolute Treffsicherheit seiner Formulierungen, sie »sitzen« wie die Striche eines genialen Karikaturisten. Die Hohe Schule dafür dürfte das Cabaret gewesen sein.

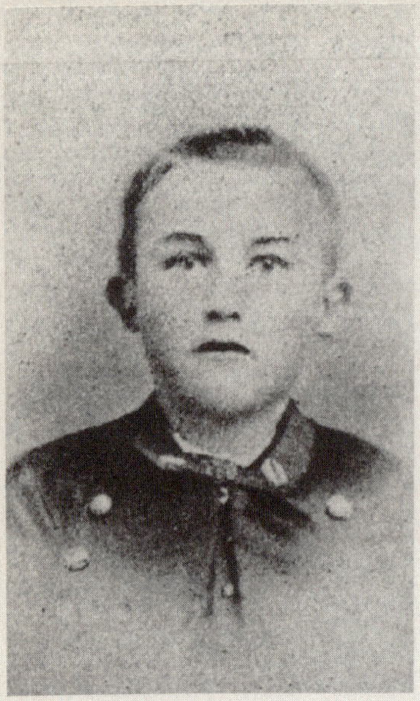

Erik Satie mit 12 Jahren und mit 18 Jahren.
Unten mit seinen Eltern, kurz vor dem Tod
seiner Mutter.

Erik Satie 1892 gemalt von Marcellin Desboutin vor und nach seiner Einkleidung zum Militär. *Ich brenne darauf, Ihnen hier meine Personenbeschreibung zu geben (eine Aufzählung meiner körperlichen Kennzeichen – nur derer natürlich, über die ich schicklicherweise sprechen kann): Haar und Brauen dunkelblond, Augen grau (wahrscheinlich fleckig), in die Stirn fallendes Haar, Nase lang, Mund mittelgroß, Kinn breit, Gesicht oval, Größe 1 Meter 67 Zentimeter. Die Personenbeschreibung stammt von 1887, aus der Zeit, als ich einen freiwilligen Dienst beim 33. Infanterieregiment in Arras (Pas de Calais) ableistete.*

Von Suzanne Valadon gezeichnetes Medaillon mit Satie und Contamine de Latour, das das Deckblatt von USPUD zierte. Die beiden Freunde hatten gemeinsam dieses ›christliche Ballett‹ in Anlehnung an, aber auch als Parodie auf Flauberts ›Versuchung des heiligen Antonius‹ verfaßt. Satie drängte das Stück dem Direktor der Pariser Oper auf, trieb ihn in die Enge, indem er mit einem Rechtsstreit drohte, wußte natürlich, daß das Ballett dort nicht aufgeführt werden würde. Ganz Montmartre hatte einen Riesenspaß an Saties Auseinandersetzung mit der Oper. Einer unter allen Freunden erkannte die kompositorische Qualität des Stückes, das war Claude Debussy.

Erik Satie in: Album d'Autographes des Musiciens Contemporains von 1900.

Suzanne Valadon:
Portrait Erik Satie von 1892/93.

Ramon Casas, Portrait Erik Satie, publiziert im Februar 1892. Bevor er nach Montmartre zog, war er elegant, ging großzügig mit Geld um – wenn er welches hatte –, lud seine Freunde in die teuersten Restaurants ein und gab königliche Trinkgelder.

Fotografie von Satie in einer Gartenschänke (anonym, etwa 1895/96). Er trägt hier einen der Samtanzüge, die er dank der Erbschaft von seinem Vater bei La Belle Jardinière gekauft hatte. Er trinkt Wein – wohlgemerkt –, eingedenk seiner eigenen Äußerung: *Wer Absinth trinkt, bringt sich schluckweise um.*

Fotografie von Erik Satie von 1909 mit dem Ordensband eines Officiers der Académie im Knopfloch, das ihm am 5. Juli 1909 verliehen worden war.

»Für meinen lieben Erik Satie«, Jean Cocteau 1920.

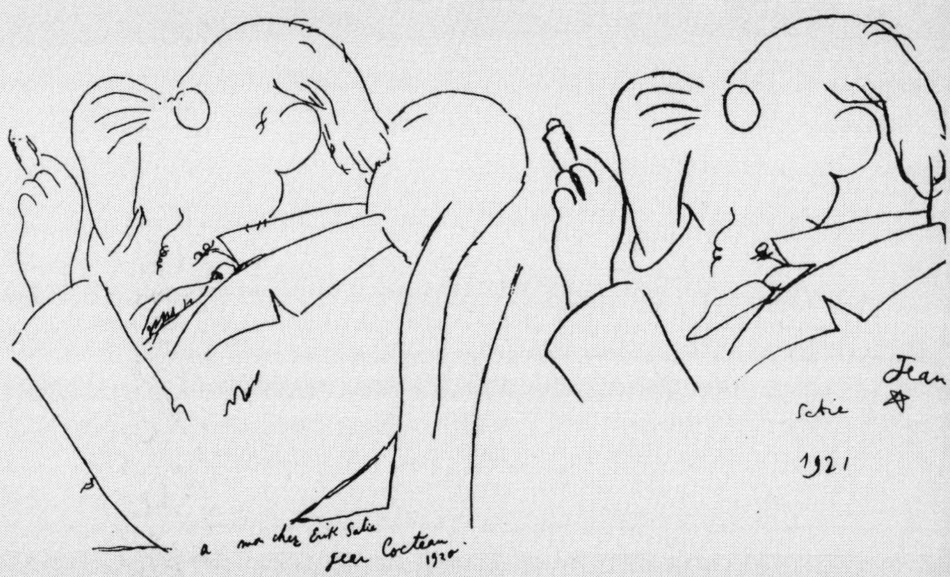

»Ein Arsch ohne Musik.«

Vorhang für PARADE von Picasso. Nachdem er den Kubismus hinter sich gelassen hatte, war dieser Vorhang Picassos erstes neoklassizistisches Werk.

Es war fast ein politisches Ereignis, als am 18. Mai 1917 – mitten im Krieg mit Deutschland – das Ballett PARADE in Paris uraufgeführt wurde. Das Szenario stammte von Jean Cocteau, die Musik von Erik Satie, die Dekorationen und Figurinen von Picasso, die Choreographie von Massine, es tanzte die Diaghilew-Truppe, es dirigierte Ernest Ansermet.
Satie hatte Cocteau über Valentine Hugo kennengelernt, sie war eine talentierte Malerin und Zeichnerin, die interessiert an allen neuen Strömungen des künstlerischen Lebens in Paris teilnahm. Sie besuchte im Jahr 1914 die erste Präsentation von LE PIÈGE DE MÉDUSE, dem Einakter Saties. Das Ereignis fand im Salon der Eltern von Roland Manuel, einem guten Freund sowohl von Satie wie auch von Valentine statt. Satie spielte die Hauptrolle, den weinerlichen, fast debilen Baron Méduse. Nach der Vor-

stellung präsentierte die junge Malerin sich dem Komponisten als Kennerin seiner Musik.

Damals begann eine Freundschaft, die bis zum Tode Saties, also mehr als zehn Jahre währte, wovon ein intensiver Briefwechsel zeugt. Er nennt die 21 Jahre jüngere Malerin *meine Tochter,* und bezeichnet sich selber als ihren *Großvater.* (H 142) 1952 kündigte Valentine Hugo die Herausgabe von 90 Briefen an. Dieses Buch erschien jedoch nicht, die Briefe blieben bis heute ungedruckt, sogar für jede Einsichtnahme gesperrt.

Valentine Hugo lud an einem Montagabend im Oktober 1915 Satie und Cocteau zum Abendessen ein. Die beiden fanden Gefallen aneinander, Satie hatte jedoch Sorge: *Ich hoffe, daß der bewundernswerte Cocteau nicht meine alten Stücke verwerten wird. Wir wollen doch etwas Neues machen, nicht wahr?* (HB 105), schrieb er am 25. April 1916 an Valentine. Sie machten wahrhaftig etwas Neues, nämlich das Ballett PARADE, für das Cocteau die Handlung erfand. Das Thema war eine Artisten- und Zirkusgeschichte: vor einem Wandertheater führen die Künstler – ein chinesischer Zauberer, Akrobaten und ein amerikanisches Mädchen – als Parade Kostproben des Programms vor, das im Innern gegeben wird; drei monströse Manager machen die Reklame. Das Publikum hält die Parade schon für die Vorstellung und geht deshalb nicht mehr in die Schaubude hinein.

Satie arbeitete über ein Jahr an der Partitur für PARADE. Er benutzt in seiner Musik das, was zur damaligen Stunde aktuell war: Jazz und Alltagsgeräusche.

Bereits um 1900 kam der Jazz in Form des Cakewalk nach Europa. Cocteau schreibt über die erste Präsentation im Nouveau Cirque 1904: »Plötzlich kam der Cakewalk, sprengte alles auseinander und ließ alles verblassen ... Der Saal trampelte stehend, und mitten in diesen Rausch tanzten Monsieur und Madame Elks ... Und nach ihnen begann eine ganze Stadt, ganz Europa. Und dieser Rhythmus sprang auf die Maschinen über und von den Maschinen zurück auf die Menschen, und das sollte nicht mehr aufhören.« (CP) Das Jazzfieber überwältigte Frankreich, und die »französischen Komponisten stürzten sich auf den Jazz wie hungrige Hunde auf einen Knochen«, schrieb ein Kommentator der Zeit. Cocteau nannte den Jazz eine »gezähmte Katastrophe«. (CP).

Satie komponierte für die Szenen des amerikanischen Mädchens einen Ragtime. Das ist die unauffälligste Jazzform. Der Ragtime ist so sehr europäische Musik, daß man sagen konnte, er sei weiße Musik schwarz gespielt. Für Satie enthielt der Ragtime gerade genügend Jazzelemente, um Jazzatmosphäre und amerikanisches Ambiente schaffen zu können. Er überschreibt das Stück mit »triste« – der Ragtime ist langsame Musik.

Das ausgesprochen Avantgardistische an PARADE kam durch die eingesetzten Alltagsgeräusche zustande. Es gibt: Flaschenspiel, tönende Pfützen, Lotterierad, Schreibmaschinengeklapper, Dampfgeräusch, elektrische Klingel, Revolverschüsse, Dynamogeräusch. Diese Geräusche haben das Stück unter Musikern berühmt gemacht, provozierten aber auch wütenden Widerstand beim Publikum und bei der Presse.

Die Verwendung von Alltagsgeräuschen könnte auf die Anregung von Diaghilew zurückgehen; er hielt sich während der Planung für PARADE in Italien, dem Land des Futurismus, auf. Das Programm des musikalischen Futurismus formulierte Pratella, der Musiker der Futuristengruppe, in seinem Manifest ›Musica futuristica‹ von 1911: »... der Masse, den großen Industriebetrieben, Zügen, Ozeandampfern, Panzerkreuzern, Automobilen und Flugzeugen die musikalische Seele geben. Den großen innersten Motiven der Tondichtung das Reich der Maschine und die siegreiche Herrschaft der Elektrizität hinzufügen.«
Die Futuristen setzten ganz konsequent ihre Musik völlig aus Geräuschen zusammen, Satie jedoch nicht. Er schrieb an Valentine Hugo:

> Ich habe den Hintergrund für einige Geräusche komponiert, die Cocteau für die Atmosphäre seiner Figuren als unentbehrlich ansieht. (H 143)

Dieser klingende Hintergrund ist eine Aneinanderreihung von Klangblöcken mit einheitlicher Struktur, sie sind melodisch indifferent und rhythmisch monoton. Satie vermeidet rhythmische Abwechslung. Er nimmt die Anregungen, die in dieser Beziehung damals von den Russen (Strawinsky), den Orientalen oder den Afrikanern kommen, nicht auf. Das bewahrt seiner Musik die Statik; um dieser Statik willen benutzt er auch die zahmste aller Jazzformen, nämlich den Ragtime. Er geht, entgegengesetzt zu den Klavierstücken, in der Partitur von PARADE nicht auf die Einzelheiten der Handlung ein. Er treibt in der Musik das, was auch die kubistischen Maler tun: auf den ebenmäßigen Klanghintergrund setzt er die Geräusche ganz naturalistisch auf, ebenso wie die Maler Stoffetzen, Glasstücke, Sand oder andere greifbare Gegenstände auf ihre korrekt gemalten Bilder aufkleben. Hier wie dort handelt es sich um eine Collage. Das ist der einzige Punkt, in dem man PARADE »kubistisch« nennen könnte – was vielfach geschehen ist. Hier wiederholt sich aber auch, was bei anderen Gelegenheiten schon zu erkennen war: Satie interessierte sich für alle aktuellen oder modischen Trends und nahm oft an ihnen teil – bis zum Opportunismus.
Die Truppe von Sergej Diaghilew war mit der tänzerischen Interpretation betraut. Seit 1909 hielten sie Paris in Atem: »Diese Russen!« schrieb Louis Gillet noch 30 Jahre später. »Unmöglich zu erklären, wie überzeugend ihre Zaubereien waren. Die Ankunft des russischen Balletts war mehr als ein Ereignis. Es war ein Schock, eine Bestürzung, ein Wirbelsturm, eine völlig neue Erfahrung. ... Es veränderte unser ganzes Denken.« (GM) – Das Glaubensbekenntnis der Diaghilew-Truppe hatte Fokine bereits 1914 in einem Brief für die ›Times‹ formuliert: »Das neue Ballett lehnt es ab, der Sklave der Musik oder des Bühnenbilds zu sein und erkennt die Zusammenarbeit der verschiedenen Künste nur unter der Voraussetzung ihrer vollkommenen Gleichberechtigung an. Damit gibt es sowohl dem Musiker wie dem Bühnenkünstler seine wirkliche Freiheit.«

PARADE: Von Picasso geschaffener ›Amerikanischer Manager‹, der durch ein Megaphon die Zuschauer auf das Programm aufmerksam macht und anzulocken versucht.

Die Choreographie zu PARADE machte der damals 21jährige Leonide Massine, der auch den chinesischen Zauberer tanzte. Wie sein Meister Diaghilew nahm Massine die Anregungen für seine Ballette aus der Kunst der Zeit, also von Malern, außerdem ließ er sich vom Jazz und von der Music Hall inspirieren.
Die Uraufführung von PARADE löste, wie es zu erwarten war, einen Skandal sondergleichen aus. »An dem großen Tag [18. Mai 1917] – der Saal war voll bis auf den letzten Klappsitz – brach der Skandal spontan los und übertraf die schlimmsten Befürchtungen. ›Geht nach Berlin‹, schrien seriöse Leute wie im Delirium, von dem ich mit den Jahren immer weniger verstehe, wodurch es provoziert worden war«, (A) schrieb Saties Schüler Georges Auric über die Premiere. Das Stück war – mitten im Krieg mit Deutschland – in die politische Auseinandersetzung, das hieß in das Trommelfeuer der Chauvinisten geraten. PARADE galt als ›kubistisch‹, und das wurde seit der Dreyfus-Affäre von 1905 mit der Vorstellung ›deutsch‹ verbunden, ›Kubismus‹ also mit Landesverrat gleichgesetzt. Die drei Autoren Cocteau, Satie und Picasso wurden als ›Boches‹ beschimpft.
Zur Premiere gab es ein gerichtliches Nachspiel: am Abend der Generalprobe war der Kritiker Poueigh in Saties Loge gekommen und hatte ihm gratuliert. In seinem Zeitungsartikel nach der Premiere machte er jedoch PARADE auf die schamloseste Weise herunter. Satie gab seiner Wut nach und schrieb auf eine offene Postkarte an diesen Kritiker:

> Mein Herr und lieber Freund, Sie sind ein Arsch, aber ein Arsch ohne Musik.
> gez. Erik Satie. (ESW 209)

Der Kritiker belangte ihn wegen Beleidigung – weil diese Postkarte offen und für jeden lesbar gewesen war – und es folgte ein Gerichtsverfahren, bei dem sozusagen die gesamte damalige französische Kunst angeklagt war. Es gab eine Schlägerei, Cocteau wurde zerzaust mit zur Wache genommen, Satie zu acht Tagen Haft mit Bewährung verurteilt. Dank der Intervention von hochgestellten Persönlichkeiten brauchte er die Strafe nicht abzubüßen, unter der Voraussetzung, daß er sich fünf Jahre lang nichts zuschulden kommen lasse. Freunde rieten ihm, dem beleidigten Kritiker einen Entschuldigungsbrief zu schreiben. Satie erklärte, das übersteige seine Kräfte. Er verfaßte vielmehr seine brillante Lobrede auf die Kritiker, die er im April 1918 als Eröffnung zu einem Konzert der ›Nouveaux Jeunes‹ öffentlich vortrug.

»Man darf heute nicht vergessen«, schrieb Cocteau später, »daß die Schlacht um das Ballett PARADE im Jahr 1917 mit der Schlacht um Verdun zusammenfiel, und daß das Hinterland eine geistige Front ohnegleichen darstellte«. (CL)

Apollinaire hatte für das Programmheft von PARADE ein Vorwort geschrieben. Darin sprach er vom »Esprit nouveau«, dem in diesem Ballett dokumentierten »Neuen Geist«. Das war das Signal für eine Gruppe von jungen Musikern, sich unter Cocteaus Schirmherrschaft als ›Groupe des Six‹ zusammenzutun. Es waren: Georges Auric, Darius Milhaud, Francis Poulenc, Arthur Honegger, Louis Durey und die Komponistin (!) Germaine Tailleferre. Sie sahen Satie als ihren Patron an. Dazu er selber:

> Es gibt keine Satie-Schule, der Satieismus wüßte nicht, wie er bestehen sollte, man träfe mich dort als Gegner. In der Kunst braucht man keine Sklaverei. Ich habe mich immer bemüht, durch die Form und durch den Inhalt mit jedem neuen Werk die Mitläufer in die Irre zu führen; das ist das einzige Mittel für einen Künstler zu vermeiden, daß er das Haupt einer Schule, das heißt »Aufpasser« wird. (E 45)

Cocteau stellt Erik Satie die ›Six‹ vor: Poulenc, Milhaud, Auric … Karikatur von Jean Oberlé.
Sie sahen Satie als ihren Patron an. Dazu er selber:
Es gibt keine Satie-Schule, der Satieismus wüßte nicht, wie er bestehen sollte, man träfe mich dort als Gegner. In der Kunst braucht man keine Sklaverei. Ich habe mich immer bemüht, durch die Form und durch den Inhalt mit jedem neuen Werk die Mitläufer in die Irre zu führen; das ist das einzige Mittel für einen Künstler zu vermeiden, daß er das Haupt einer Schule, das heißt ›Aufpasser‹ wird.

»Wer nie Musique d'ameublement gehört hat, kennt das Glück nicht.«

René Magritte, Portrait Erik Saties, 1958 aus der Erinnerung.

Darius Milhaud: »So wie es im Bereich des Sehens Formen gibt, die man wie etwa das Muster einer Tapete, die Deckenleiste oder den Rahmen eines Spiegels trotz ihres unzweifelhaften Daseins doch nicht wahrnimmt, so, dachte Satie, wäre es auch amüsant, Musik zu haben, auf die man nicht hinhören müßte, also gleichsam Musik als Ausstattung oder Hintergrundmusik. Sie sollte veränderlich sein wie die Möblierung der Räume, in denen diese Musik gespielt wurde.« (DM 96)
Anfang 1920 arrangierte Pierre Bertin, der Freund Saties, in der Galerie Barbazange, wo Kinderzeichnungen unter dem Titel ›Les belles promesses‹ ausgestellt waren, einen Theaterabend, für den er Satie und Milhaud um Musik bat.
Wir werden musique d'ameublement machen, sagte Satie zu Milhaud. Diesen interessierte das Projekt so sehr, daß er sich gern beteiligte. Die beiden komponierten Musik für die Instrumente, die im vorhergehenden Programm bereits beteiligt waren.

»Damit die Musik gleichzeitig von allen Seiten zu kommen schien, brachten wir die Klarinetten in drei Ecken des Theaters unter, den Pianisten aber in der vierten und die Posaune in einer Balkonloge. Eine Programmnotiz informierte das Publikum, daß es den Ritornellen, die während der Pausen gespielt wurden, nicht mehr Bedeutung und Aufmerksamkeit schenken solle wie den Kandelabern, den Stühlen oder dem Balkon. Ganz gegen unsere Absicht strömte das Publikum jedoch eilends zu seinen Sitzen zurück, sobald die Musik einsetzte. Umsonst schrie Satie: »Unterhalten Sie sich! Promenieren Sie! Hören Sie nicht zu!« Schweigend lauschten sie. Der ganze Effekt war verdorben, denn Satie hatte nicht mit dem Charme seiner Musik gerechnet.« (DM 96)
Es gibt drei Muster für MUSIQUE D'AMEUBLEMENT von Satie, die erst 1975 im Druck erschienen:

> Tapisserie en fer forge. Pour l'arrivée des invités (grande réception). A jouer dans un vestibule. (Schmiedeeiserne Tapete, für die Ankunft der Gäste (großer Empfang) in einem Vestibül zu spielen.)
> Carrelage phonique. Peut se jouer à lunch. (Tönender Steinfußboden, kann zum Lunch gespielt werden.)
> Tenture de cabinat préfectorial. (Vorhang eines Raums der Stadtverwaltung.)

Diese drei Muster bestehen jeweils aus ganz kurzen musikalischen Gedanken, die endlos wiederholt werden sollen, es sind Klangbänder mit ständig wiederkehrendem Raster. Nur solche Musik kann einfach durch ihr Erklingen anwesend sein, ohne die Aufmerksamkeit auf sich zu ziehen. Das ist etwas anderes als Hintergrundmusik, die gewöhnlich dadurch entsteht, daß man die übliche Musik einfach leiser spielt.
Die TENTURE DE CABINET PRÉFECTORIAL war Madame Eugène Mayer gewidmet; sie sollte Ausstellungsgegenstand für das Ohr sein, hätte deshalb pausenlos, Tag und Nacht, von einer Grammophonplatte gespielt werden müssen, – das wurde damals nicht realisiert.
Satie selber über MUSIQUE D'AMEUBLEMENT:

> Man muß versuchen, eine musique d'ameublement zu realisieren, das heißt eine Musik, die Teil der Geräusche der Umgebung ist, die sie einkalkuliert. Ich stelle sie mir melodiös vor, sie soll den Lärm der Messer und Gabeln mildern, ohne ihn zu übertönen, ohne sich aufzudrängen. Sie soll das oft lastende Schweigen zwischen den Gästen möblieren. Sie wird ihnen die üblichen Banalitäten ersparen. Gleichzeitig neutralisiert sie etwas die Straßengeräusche, die ungeniert in das Spiel hereinkommen … (ESB 55)

Um die Musik für die Galerie Barbazange dem Zuhörer vertraut genug erscheinen zu lassen, hat Satie Melodien aus ›Mignon‹ von Ambroise Thomas und die ›Danse macabre‹ von Saint-Saëns eingearbeitet.
Wer nie Musique d'ameublement gehört hat, kennt das Glück nicht. (E 190)
Ohne den Namen zu benutzen, bediente Satie sich der Idee von MUSIQUE

D'AMEUBLEMENT schon seit SOCRATE (1919), das den Untertitel trägt: *Sinfonisches Drama mit Singstimme über Dialoge von Platon in drei Teilen.* Schon vor der Premiere von PARADE beschäftigte Satie sich mit dem Motiv des Sokrates. Am 6. Januar 1917 schrieb er an Valentine Hugo:

> Ich befasse mich mit dem Leben des Sokrates. Ich habe Bammel, vor diesem Werk zu versagen, das ich weiß und rein wie die Antike haben möchte.

Den Anstoß zu seiner Arbeit dürfte jedoch der Auftrag der Prinzessin Polignac gegeben haben. Sie war eine Mäzenin der ›Six‹. In ihrem Hause führte sie einen der glänzendsten Salons von Paris. Strawinsky hatte für sie ›Renard‹ komponiert. Sie gab Satie den Auftrag, den Tod des Sokrates in Musik zu setzen. Wegen seiner – permanenten – Geldnot hatte sie ihm das Honorar im voraus gezahlt. Am 18. Januar 1917 schrieb er an Valentine Hugo:

> ... Ich arbeite am Leben des Sokrates, ich habe eine schöne Übersetzung gefunden: die von Victor Cousin. Platon ist ein unübertrefflicher Mitarbeiter, sehr zart, nie aufdringlich. Ein Traum! Ich habe der Prinzessin wegen dieser Angelegenheit geschrieben. Ich schwimme in Glückseligkeit. Endlich! Ich bin frei, frei wie die Luft, wie das Wasser, wie ein Schaf in der Wildnis. Es lebe Platon! Es lebe Victor Cousin! Ich bin frei! Ganz frei! Welch ein Glück! ...
> (H 142)

Für diese Komposition hatte Satie sich selber aus drei Dialogen Platons den Text zusammengestellt: aus ›Symposion‹, ›Phaidros‹ und ›Phaidon‹. Dabei ging es ihm offenkundig um die Person des Sokrates, denn er strich den Originaltext so zusammen, daß die philosophischen Diskussionen Platons wegfallen und nur die Passagen übrigbleiben, die Handlung erzählen oder die Persönlichkeit des Sokrates beschreiben. Es entstanden – nach wie vor mit den authentischen Worten Platons – drei Bilder, die nicht zuletzt wegen der ›nackten‹ Übersetzung von Cousin wie drei Szenen wirken.
Im Vorwort von René Chalupt heißt es: »Er [Satie] wollte, daß seine Musik schmucklos und ohne Kompliziertheit, bescheiden in ihrer Nacktheit sei, daß sie dem Text gegenüber fast verblaßte ...«
Man erkennt Saties Respekt vor der großen Vorlage daran, daß er nie versucht, mit seiner Musik den Inhalt oder auch nur Einzelheiten auszudeuten oder in Tönen nachzumalen.
Für die Gesangstimme schreibt er vor: *Récit (en lisant)* und entsprechend läuft die Gesangstimme unrhetorisch, ohne Tonmalerei, ohne Eindringlichkeit, fast ohne Emotion ab; die Worte werden rezitiert ohne Melismen, für jede Silbe ein Ton, für die wichtigeren Worte längere Werte. Beim Tod des Sokrates verebbt die melodische Bewegung fast ganz, verharrt auf einer Tonhöhe. Die Musik überläßt dem Wort und damit der Härte der Ereignisse die Szene, sie will nicht beschönigen, nicht verklären und auch nicht trösten. Satie glaubt nicht an die Möglichkeit, für die Geschehnisse,

die Platon berichtet, eine adäquate musikalische Formulierung geben zu können. So zieht er sich zurück bis an die Grenze des Schweigens. Mehr Bescheidenheit und »Verblassen« gegenüber dem großen Platon ist kaum möglich. Cocteau meint: »Es gibt in SOCRATE Minuten, wo man sich fragt, ob die Musik vielleicht von einem Vogel geschrieben wäre.« (C17)

Auch der Instrumentalpart nimmt Gelegenheiten zur Tonmalerei nie wahr, er gibt jedoch für die jeweilige Szene das akustische Klima, das Ambiente. Satie komponierte hier *musique d'ameublement,* musikalisches Dekor. Die Musik läuft natürlich gleichzeitig mit dem Text, aber unabhängig von ihm, das heißt, sie wird nicht durch die Anziehungskraft einzelner Worte oder Vorstellungen abgelenkt und zu Tonmalerei verführt.

Im Vorwort zu SOCRATE steht: »... diese subtile und überlegte Ausgewogenheit der Partitur ist ein bißchen so, als ob Ingres auf den Auftrag von Victor Cousin die Dialoge Platons illustriert hätte«.

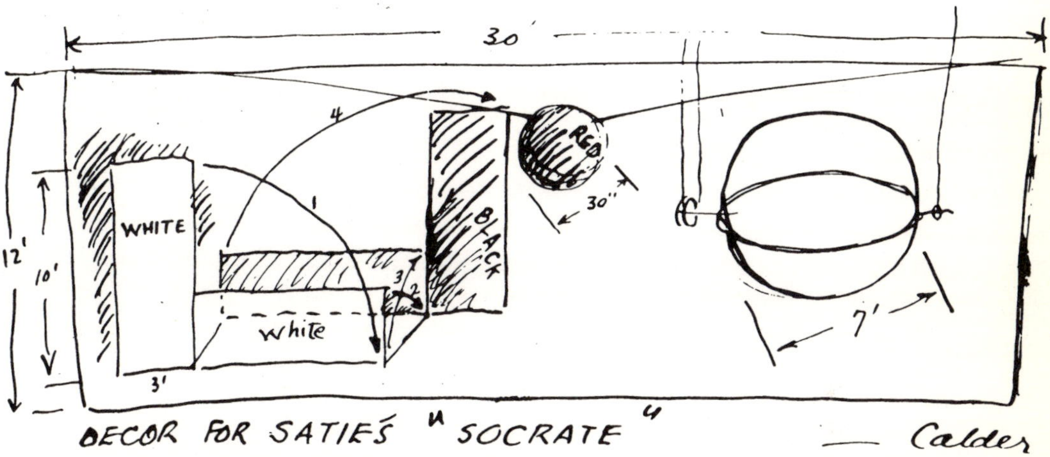

Die Kubisten hatten bei ihrer Rückbesinnung auf die griechische Antike den Maler Ingres (1780–1867) wiederentdeckt. Ingres wurde zum Vorbild für Degas, Gauguin, Toulouse-Lautrec, Dinabis, Seurat und vor allem für Picasso. Zur Zeit der Entstehung von SOCRATE war die Hochschätzung von Ingres auf dem Höhepunkt. Seine Betonung der Form gegenüber der Farbe wurde für die Kubisten, für Picasso und für die ganze Zeit nach dem Ersten Weltkrieg zum Orientierungspunkt. Valentine Hugo äußerte die Ansicht, daß Satie von dem Stoff angezogen wurde, weil er sich selber in der Rolle des Sokrates sah. Sie erzählt sogar, daß sie ihm die Anregung für das Werk gegeben habe:

»Lange bevor er den Sokrates von Platon entdeckte, war ich durch unsere langen Gespräche, die ich nur ›sokratisch‹ nennen kann, sehr bewegt. Ich hatte einen recht bescheidenen Anteil daran, aber ich konnte zuhören. Gerade hatte ich einen großen Text, der seitdem verloren ist, über den griechischen Tanz fertiggestellt. Er sollte eine Fortsetzung dessen sein, den ich über den ägyptischen Tanz veröffentlicht hatte, und so kannte ich ganz gut den Rhythmus und den Hintergrund der antiken Gespräche.« (H 140)

Nach einer ersten Präsentation von SOCRATE am 24. Juni 1918 vor nur vier oder fünf Personen, zu denen natürlich auch Valentine Hugo gehörte, fand die Uraufführung erst 1920 statt. Satie schrieb über die Aufführung:

> Während ich SOCRATE schrieb, glaubte ich ein einfaches Werk zu komponieren, ohne dabei an Kampf zu denken; denn ich bin nur ein bescheidener Verehrer von Sokrates und Platon, zwei sympathisch erscheinenden Herren. Bei der Aufführung durch die Société Nationale in unserem Conservatoire wurde meine Musik ziemlich schlecht aufgenommen, was mich nicht erstaunt. Aber ich war überrascht, den Saal über den Platon-Text lachen zu sehen. Ja, seltsam, nicht wahr? Um ein Haar hätte man gesagt, daß der große Sokrates eine Erfindung von mir wäre – und das in Paris. (LM)

Die Beurteilung von SOCRATE war sehr unterschiedlich: manche schätzten das Werk, weil die Musik so schlicht, so *dépouillée, sans sauce* ist – andere Kritiker fanden das Stück deshalb monoton, gipfelnd in dem Urteil des Kritikers Marnold im Figaro: »Unvermögen ist zuviel gesagt über eine solch totale Nichtigkeit.« Satie notierte sich böse Gedanken über Marnold:

> Schreibt Marnold keine Kritiken mehr? ... Das wäre wirklich ärgerlich ... Welch ein Verlust? ... ... Als Komiker fiel er mächtig ins Auge, der gute Mann ... (E 28)
>
> So ein Glück! ... Der große Kritiker Marnold hat seine merkwürdigen musikkritischen Arbeiten im ›Mercure de France‹ wieder aufgenommen ... (E 175)

Marnold (Anagramm für Morland) war gegen sämtliche zeitgenössische Musik. Auf ihn paßt Saties Lobrede auf die Kritiker ebensogut wie auf seinen Kollegen Poueigh, der die Aburteilung von PARADE geschrieben hatte. Beide dürften gemeint gewesen sein, wenn Satie in seinen autobiographischen Aufzeichnungen ironisch bekennt:

> Offen gesagt, ich bin weder gut noch böse. Ich muß sogar sagen, ich schillere. So habe ich niemals jemandem wirklich Böses getan – allerdings auch nichts Gutes.
>
> Nichtsdestoweniger habe ich viele Feinde – treue Feinde natürlich. Weshalb? Bei den meisten liegt es daran, daß sie mich nicht kennen – oder mich nur aus zweiter Hand kennen, vom Hörensagen (aus mehr als lügenhaften Lügen), im Ganzen.
>
> Der Mensch kann nicht vollkommen sein. Ich nehme ihnen nichts übel: sie sind die ersten Opfer ihrer Ahnungslosigkeit und mangelnden Urteilskraft ... die Armen! ...
>
> Sie tun mir sogar leid!
>
> Lassen wir das. Ich werde auf diesen Punkt zurückkommen. (E 26)

Der Musikwissenschaftler P. Gowers, der sich besonders mit den Arbeiten Saties aus der Rosenkreuz-Zeit befaßt hat, meinte, daß der Text von

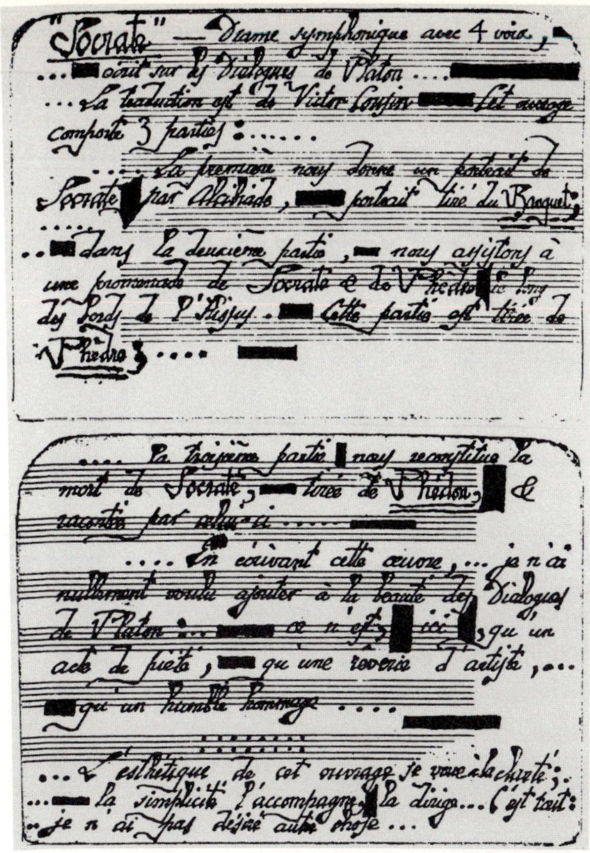

"Socrate" — Drame symphonique avec 4 voix, ... écrit sur les Dialogues de Platon .... La traduction est de Victor Cousin Cet ouvrage comporte 3 parties: ......

..... La première nous donne un portrait de Socrate par Alcibiade, portrait tiré du Banquet; ....

.. Dans la deuxième partie, nous assistons à une promenade de Socrate et de Phèdre le long des bords de l'Ilissus. Cette partie est tirée de Phèdre ....

.... La troisième partie nous reconstitue la mort de Socrate, tirée de Phédon, et racontée par celui-ci .....

.... En écrivant cette œuvre, ... je n'ai nullement voulu ajouter à la beauté des Dialogues de Platon ... ce n'est, ici, qu'un acte de piété, qu'une rêverie d'artiste, ... qu'un humble hommage ....

... L'esthétique de cet ouvrage se voue à la clarté; ... la simplicité l'accompagne & la dirige ... C'est tout: je n'ai pas désiré autre chose ...

Die Musik zu SOCRATE bezieht ihre Eigenständigkeit aus ihrer Montage aus sozusagen Fertigteilen, die gar nicht zahlreich sind: im ersten Teil sind es fünf, im zweiten sechs und im dritten sieben. Sie sind zu Blöcken zusammengesetzt, die 5, 9, 11 oder 15 Takte lang sind. Am Schluß des zweiten Teils, der am Ufer des Ilyssus spielt, schafft Satie die pastorale Grundstimmung, indem er ein einziges Motiv 45mal wiederholt und damit ein Stimmungskontinuum zaubert.

SOCRATE, gut gelesen, also ohne die Musik von Satie, genau so eindrucksvoll wäre wie mit der Musik. Der Text sei es und sein Inhalt, der die Wirkung tue. Die Musik allein würde sie nicht hervorrufen.

Die Fragestellung ist von Grund auf falsch: Bei einem Werk wie SOCRATE die Frage der Qualität allein an die Musik zu stellen, ist verfehlt, weil sie höchstens die Hälfte des Werkes betrifft. SOCRATE existiert wie die Klavierstücke nur aus dem Zusammenwirken von Musik und Text. Ohne den Text verlöre die Musik als akustisches Ambiente sicher ihre Bedeutung, aber der Text büßte seine Faszinationskraft ohne diesen klingenden Fond ein, nur gelesen wäre er weniger eindrucksvoll. Auch bei SOCRATE findet man nur die richtige Beurteilung, wenn man das Gesamtkunstwerk im Auge behält.

Szenenbild aus RELÂCHE

Seit der Aufführung von PARADE wurde Satie von den Dadaisten geliebt, sie hielten ihn für einen der Ihren. Und als er dann 1924 gemeinsam mit Francis Picabia das Ballett RELÂCHE herausbrachte, das als reinstes Dada-Produkt angesehen wurde, ernannte man auch ihn, Erik Satie, zum Dadaisten. Seine Musik galt und gilt als dadaistisch. Das ist sie in Wahrheit jedoch nicht.

Francis Picabia nannte sein Ballett nicht dadaistisch sondern ›instantanéiste‹, das heißt »nur im Jetzt« existierend. »Relâche ist das Heute, die Freude der Liebe, es ist die Sonne ... Jedes Werk, das nicht aus dem Heute kommt, ist nichts als lächerlich ...« »Relâche« heißt »geschlossen, Pause«

und wird auf den Theaterankündigungen gedruckt in der Bedeutung von »Keine Vorstellung«. Und so verstand Picabia die Tendenz des Balletts: »Der Titel Relâche drückt für mich ein Ausruhen von allen prätentiösen Verschrobenheiten des gegenwärtigen Theaters aus, dabei spreche ich nicht von der Music Hall, die als einzige eine lebendige Seite gerettet hat.« »Relâche will nichts aussagen, es ist der Blütenstaub unserer Epoche. Etwas Staub auf den Fingerspitzen und die Zeichnung verblaßt ...«
Auf dem Titelblatt der Partitur kann man lesen: »Wann wird man sich die Gewohnheit abgewöhnen, alles erklären zu wollen.« Picabia denkt an einen Menschen »frei von der Diktatur der Vernünftigkeit«, wie er auch von

Titelblatt zu RELÂCHE von Francis Picabia

RELÂCHE, erstes Bild. Eine Szene von blendendem Glanz. Eine Menge Reflektoren sind besonders an den Bühnenseiten in vertikaler Ansicht aufgereiht. Ein Feuerwehrmann kommt, schlendert über die Bühne, raucht dabei unentwegt. Eine Frau im Abendkleid geht durch den Zuschauerraum auf die Bühne. Sie tanzt und raucht eine Zigarette. Dann treten acht Männer in Abendanzügen auf und tanzen mit der Frau; am Ende bringt einer der Männer sie von der Bühne.
Zweites Bild: Die Tänzer kommen wieder, ziehen ihre Kleidungsstücke aus, so daß sie in fleischfarbenen Trikots erscheinen, wenn sie ihre Späße wieder aufnehmen; indessen pumpt der Feuerwehrmann Wasser von einem Eimer in den anderen, nur um es in dessen ursprünglichen Behälter zurückzuführen.

den Dadaisten angestrebt wurde. Die Handlung hat keinen Zusammenhang, keinen formulierbaren Sinn, sie ist fast willkürlich aus Augenblicken aneinandergereiht.

Francis Picabia (1879–1953), der Erfinder dieses Ablaufs, bezeichnete sich als »Maler ohne zu malen«, definierte die Kunst als »Loch im Nichts«, als absolut »unnütz und durch nichts zu rechtfertigen«. Er gründete 1924 mit Duchamp und Dermée als letzten Ausläufer von DADA den Instantaneismus. Die letzte Nummer der Zeitschrift ›391‹, von Picabia seit 1916 herausgegeben, ist dem Instantaneismus gewidmet.

Satie hat entsprechend der Anlage von Picabia zwei Akte mit je 11 Nummern komponiert. Diese 22 Nummern sind nach ganz einfachen traditio-

DADAISME, INSTANTANÉISME

391

Journal de l'Instantanéisme

POUR QUELQUE TEMPS

L'INSTANTANÉISTE EST UN ÊTRE EXCEPTIONNEL
CYNIQUE ET INDÉCENT

LE SEUL MOUVEMENT C'EST
LE MOUVEMENT PERPÉTUEL!

L'INSTANTANÉISME : EST POUR
CEUX QUI ONT QUELQUE CHOSE A DIRE.

Dans son prochain numéro "391" donnera une liste des premiers instantanéistes, hommes exceptionnels.

IL N'Y A QU'UN MOUVEMENT
C'EST LE MOUVEMENT PERPÉTUEL!

L'INSTANTANÉISME : NE VEUT PAS D'HIER.
L'INSTANTANÉISME : NE VEUT PAS DE DEMAIN.
L'INSTANTANÉISME : FAIT DES ENTRECHATS.
L'INSTANTANÉISME : FAIT DES AILES DE PIGEONS.
L'INSTANTANÉISME : NE VEUT PAS DE GRANDS HOMMES.
L'INSTANTANÉISME : NE CROIT QU'A AUJOURD'HUI.
L'INSTANTANÉISME : VEUT LA LIBERTÉ POUR TOUS.
L'INSTANTANÉISME : NE CROIT QU'A LA VIE.
L'INSTANTANÉISME : NE CROIT QU'AU MOUVEMENT PERPÉTUEL.

Der Instantaneist ist außergewöhnlich, zynisch und unanständig.
Der Instantaneismus: will kein Gestern
Der Instantaneismus: will kein Morgen
Der Instantaneismus: macht Luftsprünge
Der Instantaneismus: gibt Taubenschwingen
Der Instantaneismus: will keine großen Männer
Der Instantaneismus: glaubt nur an das Heute
Der Instantaneismus: will Freiheit für alle
Der Instantaneismus: glaubt an nichts als das Leben
Der Instantaneismus: glaubt an die immerwährende Bewegung
Es gibt nur eine Bewegung, das ist die immerwährende Bewegung.
Der Instantaneismus ist für die, die etwas zu sagen haben.

nellen Formabläufen gebaut: Dacapo-, Rondo- oder Strophenform. Die Tänze haben untereinander sehr viele Beziehungen, woraus sich der Zusammenhang des ganzen Balletts ergibt. Die Einheitlichkeit wird noch dadurch verstärkt, daß es einige motivische und rhythmische Elemente gibt, die in vielen Tänzen enthalten sind. Die einzelnen Sätze sind fast ausnahmslos aus Vier- oder Achttaktgruppen zusammengesetzt, damit ist die

Partitur von RELÂCHE strenger als die von PARADE und vor allem ohne Geräusche.

So kann man Saties Musik für RELÂCHE nicht dadaistisch nennen, und doch stimmt sie in einer sehr fundamentalen Schicht mit dem Stück von Picabia überein: Indem Satie die Vier- und Achttaktblöcke der einzelnen Tänze mit kleinen Motivpartikeln ohne logische oder funktionale Beziehung eines Elements zum folgenden ausfüllt, verhindert er Entwicklung im Großen. Jedes Element bleibt für sich isoliert stehen, als Einzelheit, als Augenblick. Hier trifft sich Satie mit Picabia: seine Musik ist instantaneistisch. Jedoch ist das für Satie in RELÂCHE nicht neu, seine Musik war von Anfang an so gebaut. Das erwuchs aus seiner Orientierung an der mittelalterlichen Musik. Satie war also von seinen ersten Kompositionen an Instantaneist.

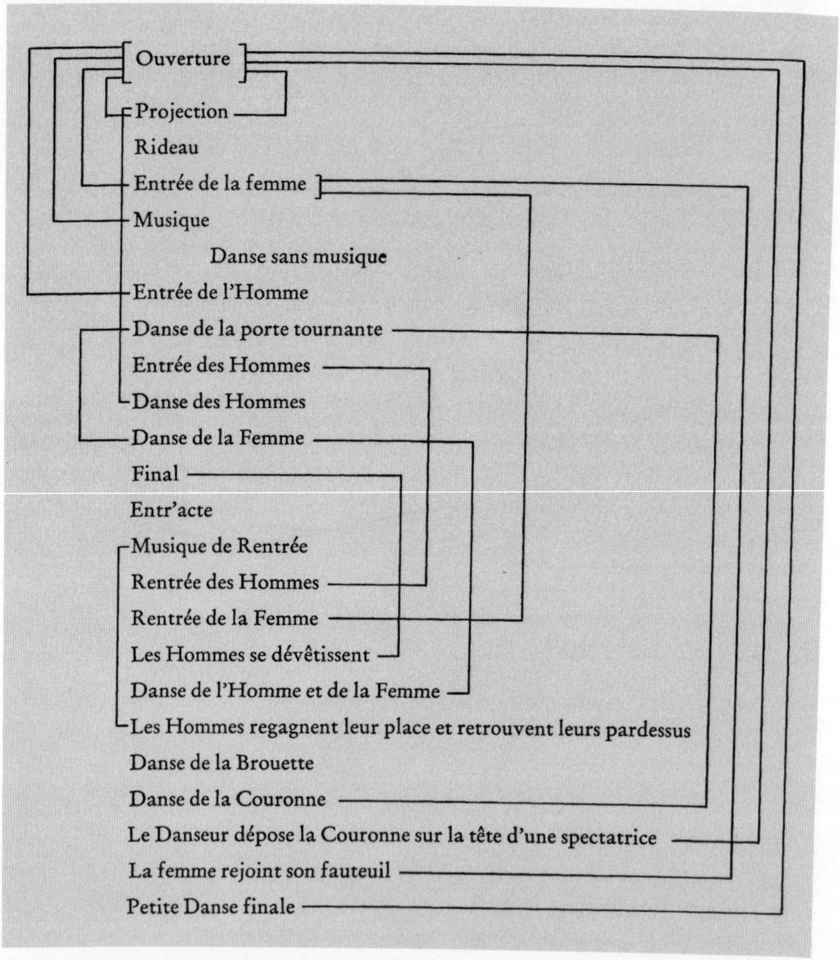

Aus den vielfältigen Beziehungen der einzelnen Tänze von RELÂCHE untereinander ergibt sich eine dichte Verzahnung des ganzen Balletts.

Die Uraufführung von RELÂCHE war für den 27. November 1924 im Théâtre des Champs Elysées angekündigt. Am Theater hing jedoch ein Zettel ›Relâche – keine Aufführung‹. Das Publikum hielt das für einen dadaistischen Jux, der möglicherweise zur Inszenierung gehörte. Der reale Grund war jedoch, daß der Tänzer der Hauptfigur Jean Borlin erkrankt war. Nach einer Woche war er wiederhergestellt und die Uraufführung fand statt. Picabia schrieb: »... das Publikum wird richten können, ob RELÂCHE nicht das bedeutendste und schönste Werk von Erik Satie ist.«

Musik ohne Logik, Musik als Zustand, Musik als Klingen ohne Audrucksbezug: das unterscheidet Saties Kompositionen von allem, was damals geschrieben wurde, das machte ihn zur echten und Ärger erregenden Alternative zur europäischen Musik, soweit sie Ausdrucksmusik war.

Diese Position machte ihn selber auch gleichgültig gegenüber den bis dahin gültigen Qualitätsvorstellungen. Er liebte die Musik des Cabarets, des

Zirkus, des Café-concert, er schätzte Schlager, Jazz-, Kinder- und Studentenlieder und benutzte sie auch für RELÂCHE. Das war für ihn die Musik, mit der man lebt, die Alltagsmusik, die er nicht als »Trivialmusik« bezeichnet wissen wollte, weil er nicht an »gehobene« oder »Feiertagsmusik« glaubte. Daraus erwachsen seiner Musik gegenüber andere Bewertungskategorien, als sie bis dahin gebräuchlich waren.
Picabia hatte den Einfall, vor dem ersten Heben des Vorhangs und zwischen den beiden Akten von RELÂCHE einen Film zu zeigen. Er skizzierte den Inhalt in einigen Punkten und gab sie René Clair.
»Ich habe René Clair eine ganz kleine Szenenfolge, fast nichts, gegeben. Er hat daraus ein Meisterwerk gemacht: ENTR'ACTE ...« (ESW 279)
Der Vorfilm, der »Prologue cinématographique«, hat die dokumentarische Delikatesse, daß Satie selber erscheint. Wie immer in korrektes Schwarz gekleidet, mit Melone und Bärtchen, sieht man ihn auf einer Dachterrasse eines Pariser Hauses im Gespräch mit Picabia.
Man weiß, daß die Intellektuellen damals viele Abende im Kino verbrachten. Das Kino übte offenbar wie der Zirkus noch die Anziehungskraft von Subkultur aus, denn der Film erhob noch nicht den Anspruch, als Kunst gewertet zu werden.
Saties Musik zu ENTR'ACTE ist nicht deskriptiv oder episodisch, was von den Klavierstücken aus gesehen für ihn nahe gelegen hätte. Auch seine Filmmusik ist aus Vier-, Acht- oder Zwölftakt-Strecken zusammengesetzt und ändert doch mit den großen Abschnitten des Films ihren Charakter. Trotz aller Bezüge zur Handlung behält die Musik deshalb ein großes Maß an Selbständigkeit. Diese Eigenständigkeit berechtigte Satie, die Filmmusik »sinfonisch« zu nennen. Wie in den Stücken seiner neogregorianischen Phase und wie in SOCRATE laufen Handlung und Musik parallel und synchron nebeneinander her, ohne jede Sekunde miteinander verstrebt zu sein. ENTR'ACTE ist deshalb die erste wirklich moderne Lösung des Problems Filmmusik.
Die Inszenierung von RELÂCHE war ein ultramodernes Experiment für die damalige Zeit. Trotzdem kam es nicht zu dem Skandal, den Picabia erwartet und sich gewünscht hatte. Das Publikum langweilte sich. Die Zeitungsbesprechungen waren wütend. Am Ende gab es einen unbeschreiblichen Tumult. Der Vorhang wurde jedoch für die üblichen Verbeugungen hochgezogen. In einem 5-PS-Citroën huschte Erik Satie auf die Bühne, fuhr etwas hin und her und grüßte ironisch das werte Publikum.
Anläßlich von RELÂCHE wandten sich die meisten alten Freunde von Satie ab. Es war sein letztes Werk. Er starb ein halbes Jahr nach der Premiere, am 1. Juli 1925.

Zeichnung von Erik Satie: »Herr Sadi bei sich zu Hause. Er denkt.«

Wer war dieser Erik Satie?
Wir kennen ihn nur in Verkleidungen. Das gilt an erster Stelle für seine Anzüge. Contamine de Latour weiß dazu einiges zu erzählen:
Erik Satie erhielt von seinem Vater 7000 Francs als Erbschaft. »Er wußte nicht, was er damit machen sollte. Er bezahlte seine Schulden und bestellte sieben mausgraue Anzüge mit Hut, die in Montmartre eine Sensation wurden. Wo immer man sich befand, man konnte sicher sein, ihn zu bemerken, wenn er irgendwo auftauchte. Von der Rue Coulaincourt zur Avenue Trudaine, von der Place Clichy bis zum Boulevard Barbès wurde seine Erscheinung schnell bekannt.« (L VI)
1898 zog Satie von Montmartre weg nach Arcueil-Cachan, wo er bis zu seinem Tode, also 27 Jahre lang wohnte. Man suchte nach dem Grund für diesen Wechsel. Eine sehr einfache Erklärung: er verließ den kleinen »Wandschrank« in der Rue Cortot und hatte im ›Haus zu den vier Schornsteinen‹ in Arcueil etwas mehr Platz. Und warum zog er in das Arbeiter-

viertel? Die Miete wird wohl niedrig gewesen sein, klagte er doch immer wieder über Geldsorgen. Es mag auch einen politischen Grund gegeben haben: der Stadtteil Arcueil war arm, ohne intellektuellen oder künstlerischen Anspruch, gemessen an Montmartre »einfach«. Dort trat Satie dem ›Soviet d'Arcueil‹ bei und schrieb für die Lokalzeitung.
Der Auszug aus Montmartre war ein sichtbarer Einschnitt: Satie legte von einem auf den anderen Tag die grauen Samtanzüge ab – sie fanden sich sämtlich nach seinem Tod in seinem Schrank – und zog statt dessen einen schwarzen Gehrock, steifen Kragen, Melone und Kneifer an, ging nie ohne Schirm und weiße Handschuhe aus – für den Rest seines Lebens, also fast 30 Jahre lang. Man kann sowohl die Samtanzüge wie auch den Gehrock als Kostümierung verstehen. Vielleicht empfand er auch seine Einkleidung als Soldat ähnlich, jedenfalls ließ er den Wechsel zur Militäruniform in zwei Gemälden festhalten. War das für ihn eine Maskerade?
Er scheint viel Sinn für Kostümierung gehabt zu haben: nachdem er die ›Eglise Métropolitaine d'Art de Jésus conducteur‹ gegründet hatte – deren einziges Mitglied er ja war und blieb –, zeichnete er für die zu erwartenden zahlreichen Mitglieder detailliert ausgearbeitete Entwürfe zu Kostümen, zu Verkleidungen, die in diesem Fall sogar Rüstungen sind, mit Visier und verschließbar.
Selbst seine Handschrift »verkleidete« sich. Wenn er einen Brief oder ein Notenblatt aus der Hand gab, versteckte er sich hinter kalligraphischen Buchstaben. Um so interessanter sind seine Schmierblätter, weil sie einen indiskreten Blick hinter dieses kalligraphische Kostüm gestatten.
Man kennt zwölf verschiedene Namenszüge von ihm!

Arcueil, Rue Cauchy 22, das »Haus zu den vier Schornsteinen« …

Er hatte einen Hang dazu, sich zu verstecken, sich unsichtbar zu machen.

> … heutzutage weiß Raoul Ponchon, was es heißt, ins Café zu gehen, ich habe ihn sehr oft dort gesehen, er dagegen sah mich nicht: ich hatte mich zu gut versteckt … (E 58)

> … natürlich gehe ich ab und zu ein Bier trinken, ich verstecke mich jedoch – nicht aus tadelnswerter Scheinheiligkeit, sondern aus vorsichtiger Zurückhaltung – und vor allem, damit man mich nicht sieht … (E 57)

Er entzog sich auf verschiedenartige Weise: ins Mittelalter, in die Rose-Croix-Welt, auf seine Ländereien (die er nie besessen hat), in einen *elfenbeinernen oder sonstwie metallischen Turm* (wegen der Musik!), er zeichnete sich als Refugium mittelalterliche Schlösser, in denen ein alter Zauberer alles, was ihn bedrängte, von ihm nahm, und ihm das Leben so einrichtete, wie er es sich wünschte:

> … eine märchenhafte Ausstattung, ein fürstliches Mobiliar, ein nie versiegendes Scheckheft, ein ergebener Diener, die Kunst, mich unsichtbar zu machen, das sind die Geschenke, welche mir mein Freund, der Zauberer machte, um mir angenehm zu sein … niemand hat das erfahren … (ESB 36)

Man versteht, um was es ihm ging, wenn man die Beschreibung der Behausung, in der er 27 Jahre in Arcueil gelebt hat, liest. Darius Milhaud, der nach Saties Tod mit einigen Freunden in die Wohnung eindrang, schreibt: »Ein enger Flur mit einem Waschbecken führte zu dem Schlafzimmer, in

… eine enge Treppe führt zu Saties Behausung. Foto von Brancusi.

Darius Milhaud: »Nach der Premiere von RELÂCHE wurde Satie schwer krank. Eine Leberverhärtung wurde von den Ärzten festgestellt. Nach dieser Erkrankung machte er es sich zur Gewohnheit, täglich nach Paris zu kommen und abwechselnd bei Derain, bei Braque oder bei mir seine Mahlzeiten einzunehmen. Er aß nur ganz leicht, wobei er gegen den Kamin gelehnt mit Mantel und Schirm dasaß, den Hut über die Augen gezogen. In dieser Haltung verblieb er unbeweglich und schweigend, bis es Zeit war, um seinen Zug nach Arcueil zu erreichen. Wir billigten diese täglichen Reisen nicht und bestanden auf einer Änderung, bis er dazu bereit war, sich in Paris zu installieren. Er wollte gern in das Hotel Istria am Montparnasse ziehen, aber man konnte ihm nur ein Zimmer für ein späteres Datum versprechen. Dank der Vermittlung von Jean Wiener fand er ein Zimmer im Grand Hotel, wo dessen Vater einst Manager gewesen war. Immer mit Hut und Mantel bekleidet, den Regenschirm in der Hand, saß er in einem großen Lehnstuhl und verbrachte seine Tage damit, sich im gegenüberliegenden Spiegel zu betrachten und dabei den Riegel seiner Tür vermittels eines komplizierten Arrangements von Schnüren, das er sich zurecht gelegt hatte, zu bedienen. Er war so vom Telefon irritiert, daß wir vermieden, ihn anzurufen, aber dafür besuchten wir ihn häufig. Sein Zimmer war bequem und ruhig, aber Satie wollte dort nicht bleiben und etablierte sich im Hotel Istria trotz der lärmenden Nachbarschaft von Malern und Studenten, sobald er dort ein Zimmer erhalten konnte. Sein Zustand hatte sich so verschlimmert, daß der Doktor ihn ins Bett steckte. Armer Satie! Er war noch nie krank gewesen. Alles wurde zum Drama: das Thermometer, die Medizin ...«

das Satie niemandem Einlaß gewährt hatte, nicht einmal dem Portier. Der Gedanke, dort einzudringen, beunruhigte uns. Welcher Schock, als wir die Tür öffneten! Es war unvorstellbar, daß Satie in solcher Armut gelebt haben sollte. Dieser Mann, der in seinem tadellos sauberen und korrekten Anzug eher wie das Modell eines Beamten aussah, besaß also absolut nichts: ein armseliges Bett, einen Tisch, mit einem Durcheinander von Sachen bedeckt, einen Stuhl und einen halbleeren Schrank ... In allen Ecken Spazierstöcke, alte Hüte, Zeitungen. Auf dem alten, klapprigen Klavier, dessen Pedale mit einer Schnur zusammengebunden waren, lag ein Paket, dessen Poststempel erwies, daß es vor ein paar Jahren abgeliefert worden war. Satie hatte nur eine Ecke des Papiers aufgerissen, um zu sehen, was es enthielt – ein kleines Bild, ein Neujahrgeschenk ohne Zweifel ...« (DM 132ff.)

Es durfte nicht nur niemand in seine Wohnung – alle verabschiedeten sich an der Haustür – anscheinend hat auch nie jemand Saties Persönlichkeit kennenlernen dürfen, er wehrte sehr weit im Vorfeld ab: er nannte frühe Klavierstücke LIEDER ZUM VERJAGEN oder KALTE STÜCKE und behauptete, daß er mit jedem neuen Werk die Anhänger in die Irre führen wolle (E 45). Was war es, das er so sorgsam verbergen zu müssen glaubte? Seine fingierten autobiographischen Texte verschweigen, wie bereits erwähnt, das Familiäre und Private. In seine einzige (bekannt gewordene) Liebesgeschichte, der zu Suzanne Valadon, kann man einen ganz kurzen Blick tun, und zwar über die Texte zu den DANSES GOTHIQUES, die er an dem Tag, als sie

Suzanne Valadon (1865–1938), Selbstportrait

sich trennten, vollendete. Die DANSES GOTHIQUES sind eine »Neuvaine«, das heißt ein Neuntagegebet *um die größte Ruhe und Festigkeit meiner Seele.* Zu jeder Nummer schreibt Satie, um was gebetet werden soll:

> 1. Anläßlich großen Leids. 2. In dem die Väter der sehr wahrhaftigen und heiligen Kirche angerufen werden. 3. Zugunsten eines Armen. 4. Über den heiligen Bernhard und die heilige Lucie. 5. Für die armen Abgeschiedenen. 6. Wo es um die Vergebung erlittener Schmähungen geht. 7. Aus Erbarmen für die Trinker, die mit Schande Beladenen, die Ausschweifenden, die Unvollkommenen, die Unangenehmen und die Fälscher jeder Art. 8. Zum Lobpreis des höchst ehrwürdigen gnädigen Erzengels Michael. 9. Nach Erlangung der Vergebung der Sünden.

Er schrieb Suzanne nach der Trennung noch viele Briefe, die er aber nicht abschickte. Nach seinem Tod wurden diese von seinem Bruder Conrad an Suzanne übermittelt. Sie verbrannte die Briefe.
War das das Ereignis, das ihn so tief getroffen hatte? Wachte er deshalb allwöchentlich dienstags aus dem Schlaf auf?

> ... am 14. Tag des Monats Januar im Jahre des Heils 1893, der ein Samstag war, begann meine Liebesgeschichte mit Suzanne Valadon und endete am Dienstag, dem 20. Tag des Monats Juni des gleichen Jahres ... (E 184)

In seinem Text DER TAGESLAUF EINES MUSIKERS schreibt er:

> Mein Zubettgehen findet in der Regel um 22 Uhr 37 statt. Allwöchentlich schrecke ich um 3 Uhr 19 aus dem Schlaf auf (dienstags). (E 23)

Wie bereits erwähnt, macht er in anderen Texten die Musik für seine Verletztheit verantwortlich:

> Oft bedauere ich, in diese niedere Welt gekommen zu sein, nicht, daß ich die Welt haßte. Nein ... ich liebe die Welt, die große Welt ... selbst die Halbwelt, bin ich doch selber so etwas wie ein Halbweltmann ... Aber zu was bin ich auf diese irdische und erdhaltige Erde gekommen, um eine Mission zu erfüllen? Eine Kommission? – Hat man mich geschickt, daß ich mich amüsiere? ... mich ein wenig zerstreue? ... um die Miseren eines Jenseits zu vergessen, an die ich mich nicht mehr erinnere? Bin ich hier nicht lästig? Wer antwortet auf all diese Fragen? – Ich glaubte es gut zu machen, als ich von meiner Ankunft an hier unten etwas Musik gespielt habe, die ich selber erfand ... all meine Unannehmlichkeiten rühren daher ... (E 176)

Gewiß war er sehr empfindlich gegen Kritik, wozu sein Trauma der mangelhaften Ausbildung, dem er mit 41 Jahren durch die Anmeldung bei der Schola Cantorum noch einmal zu begegnen versuchte, beigetragen haben mag. Er goß Kübel von wütendem Spott über die Kritiker und die Kom-

Suzanne Valadon, die Freundin der berühmtesten Künstler der Zeit – Puvis de Chavannes, Toulouse-Lautrec, Renoir, Degas –, die Mutter von Maurice Utrillo, hatte wegen eines Trapezunfalls ihre Artistenlaufbahn aufgeben müssen. Mit neun Jahren hatte sie bereits zu zeichnen begonnen. Als sie in das Atelier in der Rue Cortot neben Satie einzog, war sie Malerin. Sie malte ihn 1893 im Samtanzug, er schickte ihr musikalische Grüße: *Bonjour Biqui.*

ponisten um ihn herum und doch bewarb er sich dreimal um Aufnahme in die Académie Française und wurde dreimal abgewiesen ... *und das hat mir natürlich sehr weh getan* ... (E 21)
Valentine Hugo stellt ihren Vater-Freund Erik Satie als so verwundbar dar, daß er auch dort Angriffe empfand, wo ihm keine zugefügt worden waren:

> Wenn ich so durch den Wald gehe, der vom Gesang der Vögel widerhallt, und dann einen Baum mit rauschenden Blättern sehe, umfasse ich ihn mit meinen Armen und denke dabei: der Gute, er wenigstens hat nie Jemandem etwas Böses getan ... (ESB 57)

Wie ernst meinte er es, einsam zu sein, obwohl er täglich in seinen gewohnten und ihm bekannten Kreis nach Montmartre ging:

> Ich bin ganz allein, wie ein Waisenkind oder ein Einsiedlerkrebs – keine Freunde zur Gesellschaft. Es gibt zwar eine allgemeine Gesellschaft mbH, aber die ist mir nicht bekannt ... (ESB 58)

Selbst solche schwarzen Äußerungen sind mit Sarkasmus gewürzt, so sehr, daß man nach ihrer Wahrhaftigkeit fragt. Versteckte Satie hinter Ironie und Spott seine Traurigkeit? Ist sein sogenannter Humor eine seiner Verkleidungen?

> Ich war sogar humoristisch ... jetzt bin ich es nicht mehr ... es ist zu garstig ... (E 90)

Die Briefe an Valentine Hugo sind die freimütigsten und unverhülltesten. Meistens spricht er über seine miserable finanzielle Lage, aber auch über das Auf und Nieder seiner Arbeit. Noch während der Arbeit an SOCRATE, als das Honorar der Prinzessin Polignac verbraucht war, schrieb er an Valentine:

> Liebe Valentine,
> ich leide zu sehr, es ist, als wäre ich verflucht, dieses Bettelleben ist mir widerwärtig.
> Ich suche und möchte einen Platz finden – eine Anstellung – und sei sie noch so klein, ich scheiße auf die Kunst: sie hat mir zu viele Anödereien gebracht, es ist ein Idiotenhandwerk, das Künstlerhandwerk, wenn ich so sagen darf.
> Verzeihen Sie mir, liebe Freundin, diese treffenden – sehr treffenden Ausdrücke.
> Ich schreibe an alle, niemand antwortet mir, nicht mal ein freundliches Wort. Verflixt.
> Sie, liebe Freundin, die immer so gut zu Ihrem alten Freund waren, ich flehe Sie an, schauen Sie doch, ob es nicht möglich wäre, ihn an einem Ort unterzubringen, wo er sein Brot verdienen kann.

Irgendwo, die niedrigsten Arbeiten wären mir nicht zuviel, das versichere ich Ihnen.

Schauen Sie bitte schnell: ich bin am Ende und kann nicht warten.

Die Kunst? Es ist jetzt einen Monat und mehr her, daß ich keine Note schreiben konnte.

Ich habe nicht den geringsten Einfall mehr und will auch keinen haben.

Ihr alter Kamerad. (ESB 40)

Selbst einen solchen Brief hat er in seiner kalligraphischen Schrift gezeichnet. Wo oder wann trifft man ihn also ohne Verkleidungen?
Ist das eigentlich nötig? Der Genuß an seinen Arbeiten würde durch die lückenlose Kenntnis seiner Psyche sicher nicht erhöht; der Reiz seiner Kunst besteht doch gerade in den Unausgesprochenheiten, Gegensätzlichkeiten, Skurrilitäten und Ungreifbarkeiten. Er komponierte weder Ausdrucksmusik noch schrieb er bekennerische Texte und ließ doch nichts ohne Engagement. Das bewahrte ihn vor der Lüge und vor dem Kitsch. Sein Inkognito ist perfekt, in der Kunst und in seinem privaten Bereich.

Je me retire. Erik Satie.

Unten: Brief an Valentine Hugo mit besonders schmückenden Schnörkeln der einzelnen Buchstaben.

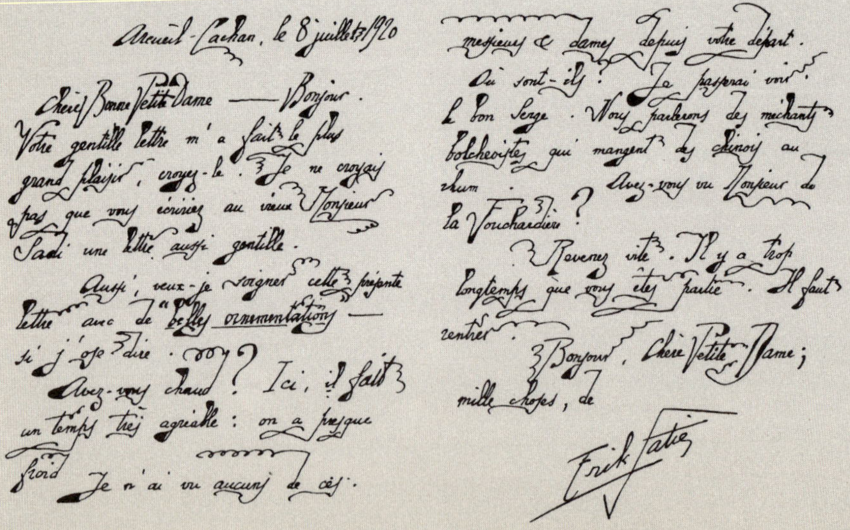

Arcueil-Cachan, le 8 juillet 1920

Chère Bonne Petite Dame — Bonjour.

Votre gentille lettre m'a fait le plus grand plaisir; croyez-le. Je ne croyais pas que vous écririez au vieux Monsieur Sadi une lettre aussi gentille.

Aussi, veux-je soigner cette présente lettre avec de "belles ornementations" — si j'ose dire.

Avez-vous chaud? Ici, il fait un temps très agréable: on a presque froid. Je n'ai vu aucun de ces messieurs & dames depuis votre départ. Où sont-ils? Je passerai voir le bon Serge. Nous parlerons des méchants bolchevistes qui mangent des Chinois au rhum. Avez-vous vu Monsieur de La Pouchardière?

Revenez vite. Il y a trop longtemps que vous êtes partie. Il faut rentrer.

Bonjour, Chère Petite Dame; mille choses, de

Erik Satie

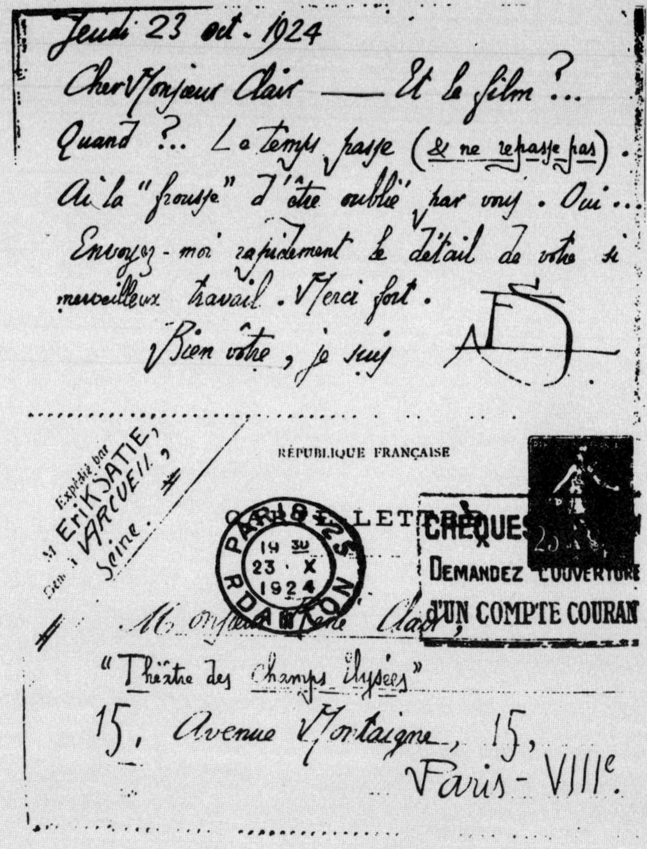
Jeudi 23 oct. 1924
Cher Monsieur Clair — Et le film ?...
Quand ?... Le temps passe (& ne repasse pas).
Ai la "frousse" d'être oublié par vous. Oui...
Envoyez-moi rapidement le détail de votre si
merveilleux travail. Merci fort.
Bien vôtre, je suis
ES

Expédié par M Erik SATIE, Dem à ARCUEIL, Seine.
RÉPUBLIQUE FRANÇAISE
CARTE-LETTRE
PARIS 125 R DANTON 19 30 23 X 1924
CHÈQUES POSTAUX
DEMANDEZ L'OUVERTURE D'UN COMPTE COURANT
Monsieur René Clair,
"Théâtre des Champs-Élysées"
15, Avenue Montaigne, 15,
Paris-VIIIe.

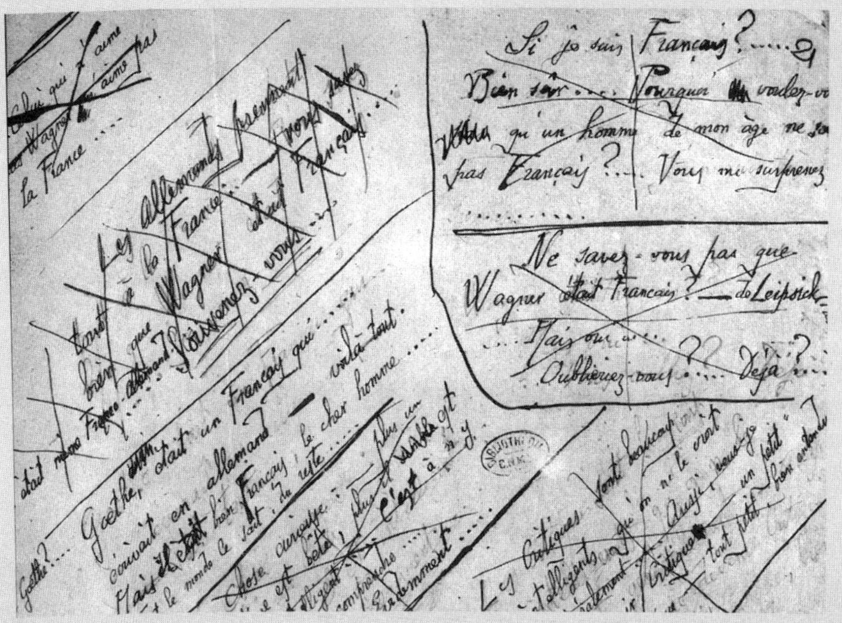
Si je suis Français ?......
Bien sûr.... Pourquoi voulez-vous qu'un homme de mon âge ne soit pas Français ?... Vous me surprenez
Ne savez-vous pas que Wagner était Français ? — de Leipzick.
Mais oui...
Oublieriez-vous... déjà ?
La France....
Goethe était un Français qui... voilà tout.

✝✝ Délicatoire :

Sans préjudice des pratiques des grands imprécateurs Mes cousins, J'offre cette oeuvre à Mes pairs.

Par ainsi, et pour la précédence des exemples, Je ne demande point l'exaltation. J'appelle sur Mes convives la miséricorde du Père, créateur des choses visibles et invisibles; la protection de la Mère Auguste du Rédempteur, Reine des Anges; comme les prières du choeur glorieux des Apôtres et des Saints Ordres des Esprits bienheureux.

Que la juste inflammation de Dieu écrase les superbes et les indécents!

Erik Satie ✝✝

›Zueignung‹ für LE FILS DES ETOILES, 1892.

☨ Congrégation des Pauures cheualiers de la sainte Cité,

ordre religieux & militaire, institué par de pieux squelettes dans le but de défendre la chétienté & de protéger les églises. Les Pauures Cheualiers maintiennent la paix publique & la religion & connaissent de tous les crimes qui peuuent troubler l'une ou l'autre. Les menbres de cette congrégation s'enueloppent du mystère le plus profond & ont dans toute l'Europe des initiés qui leur déférent les coupables. Rien n'est épargné pour fauoriser le déueloppement de l'Ordre & pour l'attacher au Saint-Siège: le nombre des congréganistes s'accroit prodigieusement; cet ordre compte des centaines de maisons; des milliers de couuents sont affiliés au monastère principal. Les Pauures cheualiers mènent une uie tres austère; ils doiuent faire les trois uoeux monastiques d'obéissance, de pauureté, de chasteté; ils renoncent à tous les biens de ce monde & uiuent d'aumônes; & ne peuuent payer ni droit, ni tribut, ni péage: leurs maisons ont droit d'asile. Ils portent un habit blanc, orné d'une ☨ double croix rouge. Le chef de la congrégation a le nom de grand maitre; l'ordre se diuise en grands prieurés, prieurés & commanderies. La Congrégation des Pauures cheualiers émane des Templiers, des Sachets, des Hospitaliers de St Lazare de Iérusalem, des Béguards, & de l'Église ☨ Métropolitaine d'Art de Iésus conducteur. Les Pauures cheualiers sont gardiens du St Sépulcre.

Le Parlier:

ERIK SATIE ☨

Bruderschaft der ARMEN RITTER DER HEILIGEN STADT, vermutlich 1892.

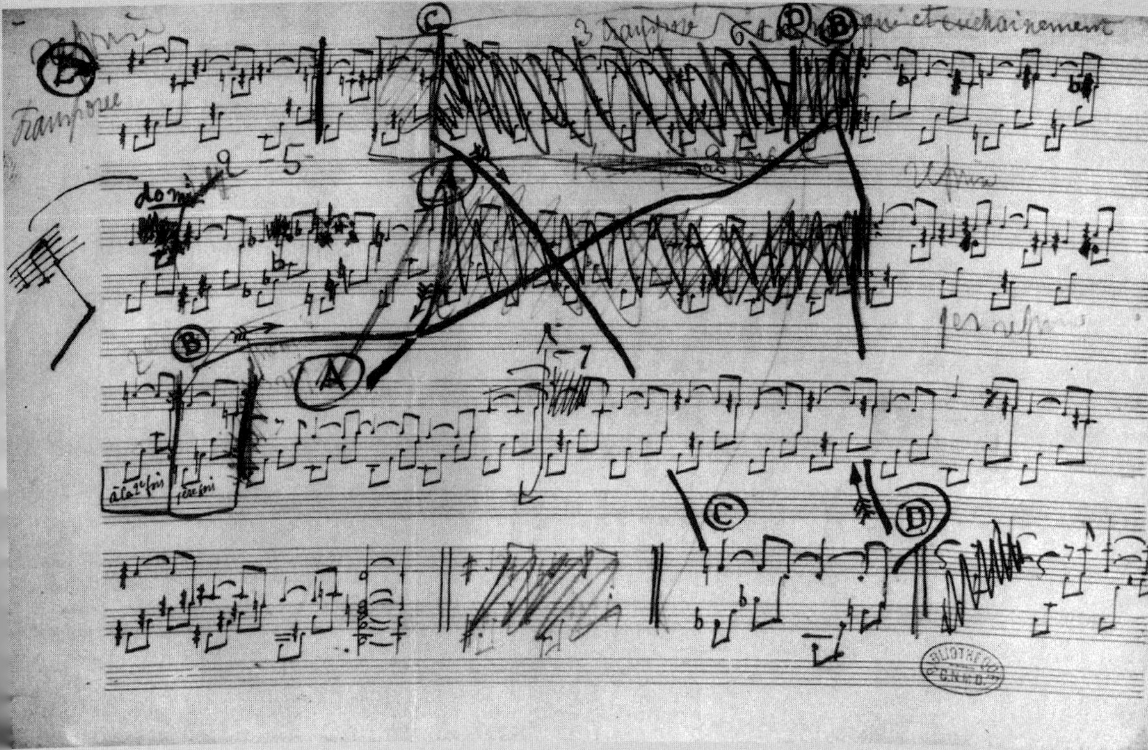

Oben: Aus Saties Skizzenheft.
Unten: Handschrift von PRELUDE DU NAZARÉEN, 1893.

LE PIÉGE DE MÉDUSE,
1913

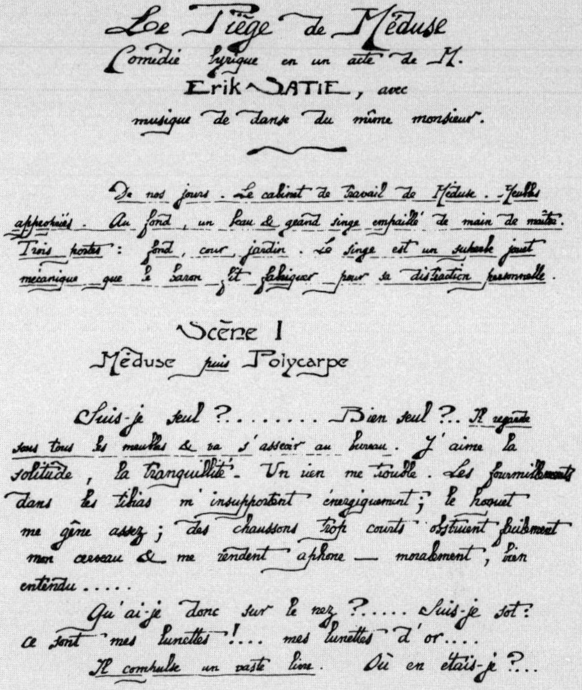

Le Piège de Méduse
Comédie lyrique en un acte de M.
Erik SATIE, avec
musique de danse du même monsieur.

De nos jours. Le cabinet de travail de Méduse. – Meubles appropriés. Au fond, un beau & grand singe empaillé de main de maître. Trois portes: fond, cour, jardin. Le singe est un superbe jouet mécanique que le Baron s'est fabriqué pour sa distraction personnelle.

Scène I
Méduse puis Polycarpe

Suis-je seul?....... Bien seul?.. Il regarde sous tous les meubles & va s'asseoir au bureau. J'aime la solitude, la tranquillité. Un rien me trouble. Les fourmillements dans les tibias m'insupportent énergiquement; le bonnet me gêne assez; des chaussons trop courts obstruent faiblement mon cerveau & me rendent aphone — moralement, bien entendu.....

Qu'ai-je donc sur le nez?..... Suis-je sot? Ce sont mes lunettes!... mes lunettes d'or....

Il consulte un vaste livre. Où en étais-je?...

Unten: Satie arbeitete oft im Café. Er schrieb dann auf seine Manuskriptblätter, was er verzehrt hatte. So verzeichnete er hier, rechts oben, fünf Cafés und ein Glas Cidre.

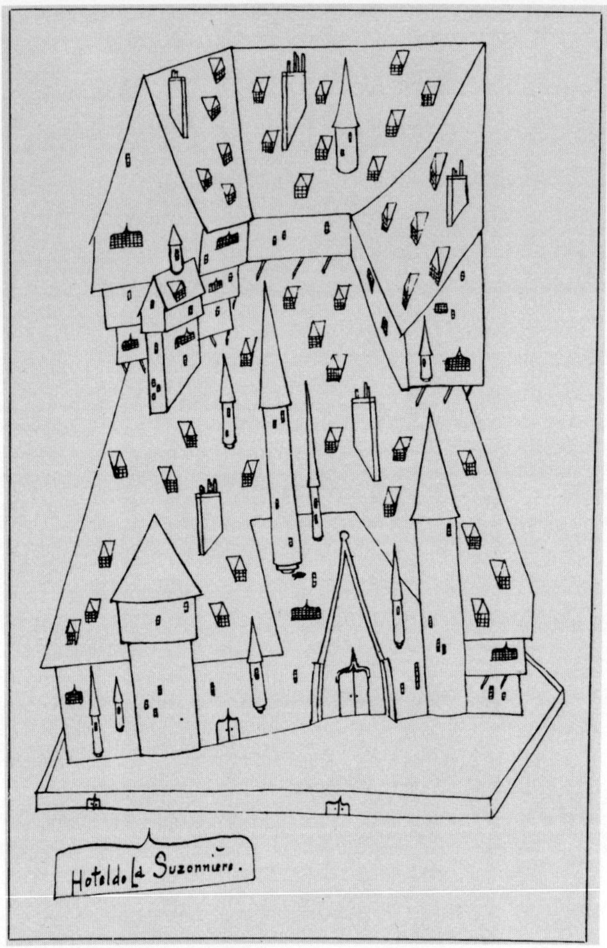

Erik Satie war nicht nur Musiker und Literat, er hatte auch eine enge Beziehung zum Optischen, Zeichnerischen. Man Ray, mit dem Satie gemeinsam das Bügeleisen mit Stacheln erfunden hat, sagte von ihm, daß er der einzige Musiker sei, der sehen könne.

Satie zeichnete selber. In der ersten Zeit in Montmartre erstellte er mit großer Mühe und Akribie ein Orgelpfeifenwerk, dessen Anblick er für das Verständnis seiner Musik dieser Jahre für unerläßlich erachtete. Später porträtierte er seine Freundin Suzanne Valadon, fertigte eine Büste von sich selber an und errichtete sich in Zeichnungen von alten Schlössern aus Gußeisen, von verzauberten Küsten, vom Teufel bewohnten Gasthäusern und erfundenen Stadtplänen seine heimlich bewahrte Märchenwelt. Sein

Faible fürs Optisch-Dekorative zeigte sich nicht zuletzt in seiner kalligraphisch verstellten Schrift bei Noten und Texten wie auch bei seiner Unterschrift. Er reagierte auf die optischen Anregungen von Zeichnungen, als er in SPORTS ET DIVERTISSEMENTS Musik zu 20 Blättern von Charles Martin schrieb und paßte die Grafik seines Notenbildes dem der Zeichnung an.

Seine Kunst ist also multimedial. Aber selbst als Musiker läßt er sich nicht nur auf ein Genre festlegen; das ergab sich aus seinem Doppelbezug zu sakraler und »leichter« Musik.

Diese vielfachen Facetten seiner Arbeiten müssen Einfluß auf die Interpretation haben. Drei besondere Punkte sind zu berücksichtigen: Die Wirkung der Texte, die Rolle des Optischen und die Nähe zum Cabaret.

Zunächst zur Wirkung der Texte: Unter einem seiner 50 Klavierstücke notiert Satie als Anmerkung:

> An Jedermann: ich untersage, während der Zeit der musikalischen Aufführung den Text laut zu lesen. Jede Nichtbeachtung dieser Anmerkung würde meine gerechte Empörung gegen den Vermessenen nach sich ziehen. Es wird keine Umgehung des Rechtsweges geben.

Man hat aus dieser Bemerkung geschlossen, daß Satie das laute Lesen der Texte prinzipiell untersagte und daraus die Verpflichtung abgeleitet, die Musik grundsätzlich ohne die Texte zu liefern. – Hier kann es leicht geschehen, daß man seine ironischen Boshaftigkeiten zu eindeutig versteht und sie damit plump macht. Man sehe nach, wo dieses Verbot steht: als Anmerkung zu den Stücken JAHRHUNDERT- UND AUGENBLICKSZEITPUNKTE (HEURES SÉCULAIRES ET INSTANTANÉES). Satie widmete sie in ironisch verklausulierten Formulierungen einem *Sir William Grant-Plumot*, hinter dem sich höchstwahrscheinlich der Kritiker Henri Gauthier-Villars, genannt »Willy« verbirgt, den Satie für seinen erbitterten Feind hielt, und

Frachtschiff & Großer Fünfmaster ›URSULA‹, (Eistransport) im Besitz eines Hexers.

dem französischen König Ludwig XI. (1423–83), der unerbittlich die französische Einheit gegen die kleineren Sonderherrschaften durchgesetzt hat.

> Sir William von Groß-Staubwedel widme ich angenehmst diese Sammlung. Bis heute haben mich zwei Figuren in Staunen versetzt: Ludwig XI. und Sir William: der erste wegen seiner seltsamen Gutherzigkeit, der zweite wegen seiner unentwegten Regungslosigkeit. Es ist mir eine Ehre, die Namen von Ludwig XI. und Sir William von Groß-Staubwedel auszusprechen.

In die drei Stücke hat Satie so viele Angriffe und Spitzen verpackt (die für uns kaum noch alle zu erkennen sind), daß er, um die Rolle der Verklausulierung zu Ende zu spielen, auch noch verbieten muß, die Texte laut zu lesen, weil das ja gefährlich sein könnte. – So ist es gar nicht so ungerechtfertigt, das Verbot nur auf dieses eine Opus zu beziehen, zumal man ja annehmen kann, daß Satie seine Worte natürlich laut in das Ohr des Kritikers Willy zu posaunen wünschte. – So wenig einfach ist das!
Leichter wird die Entscheidung, ob man die Texte hörbar machen soll oder nicht, wenn man deren Zusammenhang mit der Musik untersucht: der ist so eng, daß der Sinn, besser die Pointe vieler Stücke allein aus der Musik überhaupt nicht zu erkennen ist. Einige Beispiele:
Was versteht ein Zuhörer in dem Stück LA PÊCHE, aus SPORTS ET DIVERTISSEMENTS, von den vier kleinen Läufen, wenn er nicht dazu erfährt, daß sie für vier Fische stehen: *Ein Fisch kommt, noch einer, noch zwei,* erklärt der Text, und wenn es etwas später heißt: *Jeder geht nach Hause,* dann tauchen in der Musik auch die vier kleinen Läufe wieder auf, jedoch in umgekehrter Richtung und der vierte zuerst. Was hat ein Zuhörer in dem Stück OBSTACLES VENIMEUX von den neun Baßoktaven in Viertelwerten und den darauffolgenden 17 Achtelnoten, ohne durch den Text zu erfahren, daß das 9 Uhr 17 bedeutet? Wie zusammenhanglos und unlogisch muß der Fortissimo-Schlag am Schluß von LE PORTEUR DE GROSSES PIERRES klingen, wenn man nicht weiß, daß er das Fallen des Steins tonmalerisch mitmacht? Der Text sagt: *Ça y est: elle tombe,* und dann erfährt man auch noch, daß es ein Bimsstein war. Nicht einmal der Gesamtablauf eines Stückes ist zu verstehen, wenn die Musik auf jede Einzelheit des Textes eingeht, also sehr schnell wechselt, oder wenn sie – wie in SUR UN CASQUE aus DESCRIPTIONS AUTOMATIQUES, NR. 3 – die Szene ausmalt, die der Text nur andeutet, etwa wie der Untertitel zu einem Stummfilm:

> Auf einen Helm
> Sie kommen, viele, viele,
> es ist phantastisch.
> Da kommen die Trommler,
> Jetzt kommt der Oberst, dieser schöne Mann,
> ganz allein.
> Schwer wie ein Schwein,
> leicht wie ein Ei.

Auf dem Golfplatz von Saint-Cloud 1921, Fotografie von John Quinn. Von links nach rechts: Henri-Pierre Roché, Jeanne Robert-Foster, Satie und Brancusi. Satie dokumentierte seine Meinung über das Golfspiel auch in dem Stück GOLF aus SPORTS ET DIVERTISSEMENTS.

Der Oberst ist in kräftig grünen Scotch Tweed gekleidet.
Er wird gewinnen.
Sein Caddie folgt ihm und trägt die Bags.
Die Wolken wundern sich.
Die Holes vibrieren.
Da ist der Oberst! Er plant den Schlag genau:
Sein Club splittert auseinander.

Die Musik reagiert auf die zu Tonmalereien reizenden Worte und Vorstellungen so prompt, so ausnahmslos und so sinnfällig, daß dadurch schon der parodistische Charakter dieser Stücke, ihr Humor zustande kommt. Zu vielen Inhalten des Textes stellt sich die gängige musikalische Vokabel fast mechanisch ein. Dieses Unabwendbare ist es, das den Eindruck des Komischen hervorruft.

Sehr deutlich wird das auch bei den musikalischen Zitaten, die Satie einfügt. Kaum spricht der Familienvater der Krustentiere (D'EDRIOPHTHALMA, der zweite VERTROCKNETE EMBRYO) über ihr trauriges Schicksal, so erklingt auf dem Klavier auch schon der Trauermarsch von Chopin, allerdings etwas verballhornt und angekündigt als *Mazurka von Schubert*. Die Liste der Stücke, in denen Satie solche karikierenden Zitate benutzt, läßt sich verlängern: die SONATINE BUREAUCRATIQUE steht auf absichtlich fehlerhafter Wiedergabe der C Dur-Sonatine von Clementi, LE REGRET DES ENFERMÉS enthält eine Anspielung auf Debussys ›Jardins sous la pluie‹, in TYROLIENNE TURQUE erkennt man Bruchstücke aus Mozarts ›Alla turca‹. Es dürfte viel mehr Schlager- und Operettenzitate aus jener Zeit geben, als man heute, nach 80 Jahren, noch erkennen und darüber schmunzeln kann.

Satie spielt mit allem, was zum Fundus der Musik seiner Zeit gehört. Er weist die Abgenutztheit dieser musikalischen Sprache auf, er führt das Vokabelhafte ad absurdum, indem er nur Vokabeln aneinanderreiht. Es entsteht geradezu eine musikalische Rede in Gemeinplätzen.

Was gelangt von all dem an den Zuhörer? Bei den gewohnten Präsentationsformen wie Klavierabend, Radio oder Schallplatte: gar nichts. Mit den ersten französischen Spielvorschriften, die Satie 1890 in die Noten schrieb, waren die Möglichkeiten des Konzertsaals zu Ende. Saties Klavierstücke sind keine Nummern für einen Klavierabend herkömmlicher Art, weil dort allein die Musik gespielt wird, wie auf Schallplatten und im Rundfunk auch.

Was ist zu tun?

Man muß nach Möglichkeiten suchen, wie man den Zuhörer die Texte erfahren läßt. Man müßte ihn in die Noten schauen lassen, z.B. über Dias. Dann müßte er fließend Französisch lesen können, es sei denn, man hat vor der Präsentation die Übersetzungen in die Noten geschrieben. Das ist keine schlechte, aber vielleicht eine etwas akademische Lösung. Eine andere, sehr gute Möglichkeit wurde in Innsbruck von Gertrud Spat praktiziert: über Video erschienen nur die Worte (in Deutsch) jeweils an der Stelle, wo sie auch in den Noten vorkommen; man liest also nur den Text, vernimmt aber die dazu gehörende Musik. Das läßt sich nur im Konzertsaal oder im Fernsehen ausführen, für Rundfunk und Schallplatte ist es nicht möglich. Was dann? Die gegenüber Satie einwandfreie Lösung kann nur sein: die Stücke überhaupt nicht zu spielen. Schade, sagt jeder, der sie kennt.

Ein vertretbarer Kompromiß bleibt dann doch, sich Saties Verfügung gegenüber schuldig zu machen, das heißt, die Texte diskret von einem Sprecher zur Musik lesen zu lassen, man mag sich scheinheiligerweise beim Publikum und bei Satie im Jenseits dafür entschuldigen. Es kann geschicktere und witzigere Formen der Präsentation geben, die schlechteste ist aber immer, ausschließlich die Musik zu spielen, denn dabei reduziert man die Arbeiten Saties auf die Hälfte oder gar nur ein Drittel ihrer Ausdrucksmittel und nimmt ihnen damit die Pointen und den Witz.

Unabhängig von dem Problem, wie man Klavierstücke mit Texten an ein Publikum bringt, nimmt die Tatsache, daß überhaupt Texte in den Noten stehen, großen Einfluß auf die Darstellung der Musik, vor allem in den Klavierstücken. Man male sich einmal die Situation des Pianisten aus, der ahnungslos beim ersten Durchspielen auf solche Bemerkungen trifft: er stutzt, liest noch einmal, wundert sich, lacht vielleicht und spielt weiter. Auf welcher Platteneinspielung, in welchem Live-Konzert wäre das zu erkennen? Die von den Instrumentalisten praktizierte und trainierte pianistische Glätte treibt darüber hinweg. – Und erst die Klavierstücke mit den kleinen Geschichten! Die kurzen Episoden und Pointen folgen dicht aufeinander, sind oft im Klavier nur drei oder vier Griffe lang. Wenn man als Spieler nur schon den Text wahrzunehmen und zu verstehen versucht, braucht man dafür mehr Zeit, als das gewöhnliche wohlgeübte, geläufige und glatte Spiel läßt. Mit Rücksicht auf den Text hat man dagegen Lust, Episode für Episode abzurunden, so zu spielen, als spräche man Prosa, Satzzeichen setzend, Gedanken nach Gedanken vortragend, jenseits allen metronomisch gleichförmig durchlaufenden Tempos. Man muß sich auf die innere Szene einstellen, das Stück quasi inszenieren, sich dafür Freiheit und Zeit lassen, langsam spielen, mit guten Nerven, keineswegs elegant, vielmehr charakteristisch. Saties häufigste Tempobezeichnung ist »Très lent«. Im Gegensatz dazu findet man auf Schallplatten oder bei Konzerten meistens einen Spielstil, der sich an Clementi-Sonatinen oder Bach-Präludien orientiert hat: gleichmäßig-motorisch, glatt und schnell. Auch die Parodie auf Clementi, die SONATINE BUREAUCRATIQUE, sollte man, angeregt vom Text, episodisch spielen.

Die Rolle des Optischen im Werk Saties wird vor allem in SPORTS ET DIVERTISSEMENTS deutlich. In den 20 Nummern dieses Zyklus' kommen zu der Musik und den Texten auch noch Zeichnungen. Im Jahr 1914 hat Satie zu der Serie gleichen Titels von Charles Martin Musik geschrieben. Zu jeder Zeichnung erfand er eine kleine Geschichte, woraus 20 Gedichte entstanden sind. Dann komponierte er zu den Zeichnungen und den Texten Musik, die tonmalerisch auf das Thema überhaupt wie auch minutiös auf die einzelnen Vorstellungen des Textes eingeht. Das Resultat waren 20 Miniaturgesamtkunstwerke. Das Einmalige dieser Stücke ist nun, daß Satie in vielen Fällen sein Notenbild so anlegt, daß es den Hauptlinien der Zeichnung entspricht.

In dem Stück LE WATER-CHUTE zeigt zum Beispiel der Lauf der rechten Hand in der dritten Zeile die gleiche Biegung wie die Rutschbahn auf der Zeichnung. Zu vergleichen sind unter diesem Gesichtspunkt auch LE BAIN DE MER, LE GOLF und LE FEU D'ARTIFICE.

Ein Meisterwerk ganz besonderer Qualität ist das Stück LES QUATRE-COINS. Der Text: Die vier Mäuschen – der Kater – die Mäuschen reizen den Kater – der Kater strafft sich – Sprung – der Kater hat seinen Platz.

Die Handlung, die der Text erzählt, ist durch die Anordnung der Noten sichtbar gemacht. Die vier Mäuschen sind durch vier einzelne Viertelnoten dargestellt, zunächst durch Pausen getrennt. Der Kater erscheint in den

LE BAIN DE MER: Zeichnung von Charles Martin…

drei gebundenen Noten als eine in sich geschlossene Person. Dann fallen die Pausen zwischen den Noten der Mäuschen weg, das heißt, die Mäuschen rücken enger zusammen, gruppieren sich (dank der Artikulationsbögen) zu dritt oder zu zweit. Sie reizen den Kater mit kleinen Staccatonoten. Großzügig ausgreifende Bewegung des Katers, er streckt sich (zwölf Noten unter einem Bogen), er springt und ist »plaziert« – auf einer einzigen Note. – Ein solches Notenbild ist den kalligraphischen Gedichten von Apollinaire vergleichbar, in denen die Worte in der Form des Gegenstandes, von dem sie sprechen, angeordnet und gedruckt sind.

Beim ersten Stück aus SPORTS ET DIVERTISSEMENTS, LA BALANÇOIRE, DIE SCHAUKEL, kommt sogar noch Bewegung dazu. Wenn der Pianist die linke Hand exakt so ausführt, wie die Noten es anzeigen, also durch ein ständiges Übergreifen über die rechte Hand, die in der Mitte der Klaviatur die Melodie spielt, dann führt die linke Hand ein dauerndes gleichmäßiges Hin- und Herpendeln über die Tastatur aus – ein sichtbares »Schaukeln«. – Wer hätte das je bei der Aufführung dieses Stückes erlebt? Das Musiktheater ist hier zum Greifen nahe.

In den 20 Stücken von SPORTS ET DIVERTISSEMENTS verbinden sich also Bild, Text, Musik und Bewegung so eng miteinander, daß die Wirkung dieser Werke nur zustande kommt, wenn der Zuhörer alle drei oder vier Komponenten aufnimmt. Man müßte die Zeichnungen Martins auf dem

Notenpult des Klaviers stehen haben und daneben die ebenfalls reizvollen kalligraphischen Faksimiles der Noten Saties und abwechselnd oder gleichzeitig die Zeichnungen ansehen, den Text lesen und dazu die Musik spielen. Das Simultankunstwerk verlangt eine Simultanaufnahme. Unsinnig ist ebenfalls eine Beurteilung dieser kleinen Kunstwerke nur nach musikalischen Gesichtspunkten.

Bei der Aufführung von SPORTS ET DIVERTISSEMENTS bietet sich wieder der Kompromiß an, vom Dia Zeichnungen und Noten (wegen der Grafik des Notenbildes!) zu zeigen und die Texte zur Musik lesen zu lassen. Hier öffnet sich das Konzert zur Performance.

Wenn man die Anordnung der Noten auf dem Papier ernst nimmt, gerät man nicht nur bei LES QUATRE-COINS in Schwierigkeiten. Anläßlich der DANSES GOTHIQUES kann man in noch ganz andere Bereiche vorstoßen: In der gedruckten Ausgabe folgen die neun Gebete mehr oder weniger ohne Lücken hintereinander. In dem kleinen Notenheft des Manuskripts jedoch läßt Satie oft zwischen den einzelnen Nummern Seiten leer, oft steht nur ein einziger Gedanke auf einer Seite, wie eine Reminiszenz oder Meditation. Im gedruckten Notenbild ist das nicht zu erkennen, deshalb spielt natürlich jeder Pianist die ganze »Neuvaine« ohne Lücken durch. Wenn man aber das Manuskript kennt, hat man in diesem Punkt die Unschuld

… dazu Text und Musik von Erik Satie: Die auf- und absteigenden Arpeggien der linken Hand haben die gleiche Form wie der Körper der Schwimmerin, die ins Wasser springt, und wie der Ellenbogen eines anderen Schwimmers, der aus dem Wasser herausragt, oder wie der sichtbare Teil des Kahns.

verloren. Müßte man nicht die freien Stellen als Pausen auszählen und damit Meditation, Versunkenheit oder Gebet darstellen und suggerieren? Dazu gehören allerdings sehr gute Nerven. Es entsteht Musiktheater.
Die Stücke mit den vielen Wiederholungen geraten natürlich besonders leicht zum Musiktheater. Bei den VEXATIONS ist man inzwischen »Inszenierungen« schon gewohnt – wenn sie denn überhaupt für eine Aufführung geschrieben wurden. Nachzudenken wäre in diesem Zusammenhang auch über LA DÉFAITE DES CIMBRES, dessen letzte Zeile 267mal wiederholt werden soll. Was tun? Meistens wird die Zeile nur einmal gespielt. Ganz zu schweigen von den Stücken ohne Ende, wie zum Beispiel einige der Tänze für den ausgestopften Affen. Satie schreibt *man kann hier aufhören* oder *Der Affe braucht nicht weiter zu tanzen.* Regie ist hier gefragt.
Und schließlich der TANGO aus SPORTS ET DIVERTISSEMENTS mit der Bemerkung *Perpétuel,* also »ohne Ende«. Das ist als Spott gemeint gewesen auf die Epistel des Erzbischofs von Paris, den Tango betreffend:
»Wir verdammen den unter dem Namen Tango von draußen importierten Tanz, der seiner Natur nach unzüchtig und die Moral verletzend ist. Christliche Menschen dürfen wissentlich nicht daran teilnehmen. Die Beichtväter sollen, wenn sie das Sakrament der Buße spenden, entsprechend handeln.« (ESW 184)
Darauf erklärt Satie in den Noten: *Der Tango ist der Tanz des Teufels. Er schätzt ihn von allen am meisten. Er tanzt ihn, um sich abzukühlen. Seine Frau, seine Töchter und seine Lakaien kühlen sich auch so ab.*
Was machen die Pianisten? Sie spielen das Stück einmal und gehen weiter. Eine andere Möglichkeit ist in Köln praktiziert worden: das Stück wurde mit Sprecher so lange wiederholt, bis sich eine Reaktion des Publikums zeigte. Es dauerte eine dreiviertel Stunde – *perpétuel*, steht über dem TANGO!
Ein wichtiger Aspekt im Werk Saties sei zum Schluß noch einmal erwähnt: die Nähe zum Cabaret: Satie war eine Zeitlang nur als Komponist »leichter« Musik bekannt. Eine Antwort im Notengeschäft von Durand in Paris lautete 1910: »Satie? Warten Sie mal, der Name sagt mir etwas. Das ist ein Mann, der einen Cakewalk und Walzer für Paulette Darty komponiert hat.« (RM)
Die Anregungen kamen für ihn jedoch nicht nur vom Cabaret, sondern auch vom Café-concert und von der Music Hall. Ein Bericht der Zeit über das Café-concert:
»Die Hautevolee erscheint allabendlich in Gala, Blume im Knopfloch. Sie fühlt sich dort wohler als dienstags in der Comédie Française. Dort kann man rauchen, sich laut unterhalten, mit den Schauspielerinnen auf der Bühne flirten und man braucht kaum zuzuhören ... Ausverkauftes Haus. Wahrscheinlich macht der Veranstalter große Kasse. Wundert es einen da, daß die seriösen Theater nur noch mit einem Flügel schlagen?« (ESW 164)
Und Jean Cocteau: »Das Café-concert ist oft rein; das Theater immer korrupt ... das Theater, ein altes Fotoalbum ... gerettet durch Montmartre! Gerettet durch Witzeleien ... das einzige, was einen Menschen aus dem Geist sublimer Künstlichkeit herausholen konnte ...« (C 29)

Süsse erdolchte Gestalten Teure blühende Lippen
MIA MAREYE
YETTE LORIE
ANNIE und du MARIE
wo seid
ihr o
junge Mädchen
DOCH
neben einem
Springbrunnen der
weint und der betet
gerät diese Taube in Ekstase

All die Erinnerungen von einst
Wo sind Raynal Billy Dalize
O meine Freunde fern im Krieg
Namen die schwermütig klingen
Sprudeln zum Firmament
Wie Schritte in einer Kirche
Und eure Blicke im schlafenden Wasser
Wo ist Cremnitz der Freiwillige
Ersterben in Schwermut
Vielleicht sind sie schon tot
Wo sind sie Braque und Max Jacob
Von Erinnerungen ist meine Seele voll
Derain grauäugig wie die Frühe
Der Springbrunnen beweint mein Leid

DIE IN DEN KRIEG GEZOGEN SIND SCHLAGEN SICH JETZT IM NORDEN
Der Abend sinkt O blutiges Meer
Gärten darin der Oleander blutet die kriegerische Blüte

Aus den ›Calligrammes‹, 1913, von Guillaume Apollinaire.

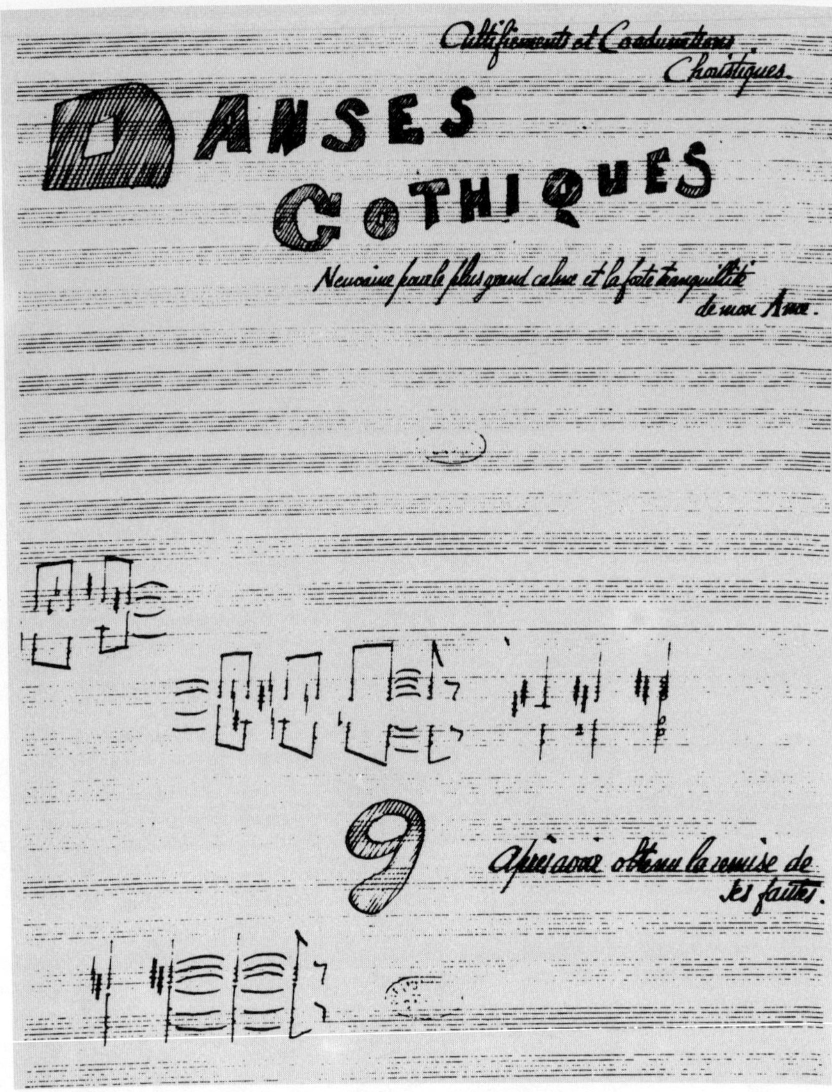

Zwei Blätter aus DANSES GOTHIQUES, eine *Neuvaine zur Erlangung größter Gelassenheit und stärkster Ruhe meiner Seele* von 1893.

Satie komponierte, wie bereits erwähnt, viele Chansons und Walzer, wovon nur das Wenigste gedruckt wurde. Der Cabaretnachlaß liegt handschriftlich in der Universität Harvard.

Auch in Musik, die nicht für das Cabaret bestimmt war, benutzte Satie ausgiebig Cabaretelemente. In den Klavierstücken sind das oft nur sehr kurze, vom Text angeregte Passagen. Die meisten Beispiele finden sich in SPORTS ET DIVERTISSEMENTS. IN LE RÉVEIL DE LA MARIÉE klingt die Stelle *Un chien danse avec sa fiancée* mit dem folgenden Schluß wie von einem Barpianisten improvisiert; auch in LE PIQUE-NIQUE ist die Passage *Ils ont tous apporté du veau très froid* von diesem Stil inspiriert; die Pointe *Quel beau métier in* LA COMÉDIE ITALIENNE ist ein schmissiger Chansonschluß; der TANGO steht natürlich ganz auf solchen Elementen, am auffallendsten bei den Worten *Sa femme, ses filles* ...; auch der Einfall, die Schlußpointe auf den liegenden letzten Akkord des Klaviers zu setzen, ist Chansonpraxis (LE WATER-CHUTE, letzte Zeile).

Ein Interpret kann die Cabaret-Nähe nicht deutlich genug machen; er muß bei diesen Stellen seine pianistische Gepflegtheit vergessen und wie ein Barpianist in die Tasten greifen.

Für seine beiden letzten Ballette weist Satie selber auf die Verwendung von Alltagsmusik hin. Zum Beispiel MERCURE aus dem Jahr 1924; Das Thema des Balletts ist eine moderne Bearbeitung der Abenteuer des Merkur, Satie sagte dazu: *Es sind ganz einfach Jahrmarktsfiguren, und die Musik ist natürlich auch Jahrmarktsmusik* ... Oder RELÂCHE, in dessen Partitur er ein Kinderlied und ein Studentenlied eingearbeitet hatte: *Ich stelle Menschen auf dem Bummel dar, deshalb habe ich alltägliche Melodien benutzt, diese Melodien sind sehr anzüglich* ... (ESV 32)

Als das Orchester bei der Uraufführung das Vorspiel intonierte, das auf dem Studentenlied ›Le Marchand de Navets‹ basiert, heulte das Publikum auf. Sie brüllten den anzüglichen Refrain mit.

Will man solche Musik mit einem philharmonischen Orchester und im sinfonischen Stil präsentieren? Hier dürfte ein Salonorchester und die dazu passende Spielweise am Platz sein.

Der Cabaretklang sollte in Saties sämtlicher Musik, soweit sie nicht sakral ist, durchzuhören sein.

Die beiden wesentlichen Positionen der Kunst Saties, ihre Multimedialität und ihre ungenierte Nähe zur Unterhaltungsmusik, bescheren dem Interpreten bisher kaum gelöste Probleme. John Cage versuchte Satie unter die Stammväter der zeitgenössischen ›ernsten‹ Musik einzuordnen. Er lobte an ihm die Kürze und Schlichtheit und nannte ihn deshalb in einem Atemzug mit Anton Webern; Cage war fasziniert davon, daß es in Saties Werk das Phänomen der Stille gibt und verglich ihn deshalb mit seinem eigenen Schüler Christian Wolff. Schließlich wurde Satie als der Erfinder der ›Minimal Music‹ gefeiert, als man zum ersten Mal den 840, genau gesagt 3360, Wiederholungen der VEXATIONS ausgesetzt war. Seitdem wird Saties Œuvre rezipiert und aufgeführt wie das der Komponisten der E-Musik vor und nach ihm. Er wurde in Konzerten im traditionellen Sinn präsentiert,

›Caryathis‹ – ein Kostümentwurf von Jean Cocteau für Saties LA BELLE EXCENTRIQUE (komponiert 1920) für das Théâtre du Colisée. Über die Aufführung von 1921 kann man lesen: »… Eher als um Tanz handelt es sich hier um eine Folge von Posen, clownhaften Attitüden … traumwandlerische Beschwörungen … die Marche franco-lunaire löst eine morbide, eigentümliche Schwermut aus …« (OV 117) Für diese Suite griff Satie auf ein Cabaretchanson von 1900 zurück, CALIFORNIA LEGEND.

das rief oft Ratlosigkeit hervor, brachte mancherlei Mißerfolge und offenbarte eben meistens nur eine der vielen Seiten seiner Arbeiten. John Cage, der Begründer des sogenannten Neodada, hatte selbstverständlich Spaß an Saties Skurrilitäten, aber er stand trotz vieler eigener Absurditäten auf dem Terrain der zeitgenössischen ›ernsten‹ Musik – und die muß ›ernst‹ sein, sonst ist sie ›trivial‹ und nichts wert!

Das wußte Satie längst. Seine Position ist heute so vertrackt wie zu seinen Lebzeiten: er hat diese unstandesgemäße Liebesbeziehung zur ›leichten‹ Muse, zu Schlagern, zum Jazz, zur Music Hall. Seine Verwandten heißen Chabrier, Offenbach, Weill, Gershwin. Welcher heutige Komponist würde nicht um seinen künstlerischen Ruf fürchten, wenn er – wie Satie zu seiner Zeit – heutige Unterhaltungsmusik, also Schnulzen, in seine Kompositionen einbezöge, ohne diese zu parodieren, oder sie gar – wie Satie – zu einem Standbein zu machen? Cage sicher nicht. Kagel, der absurdes Musiktheater liebt und Satie hoch schätzt, benutzt U-Musik nur, um ihre Trivialität aufzuweisen. Virgil Thomson, der als der amerikanische Satie gilt? Letzten Endes gehören sie alle nicht zu seiner Familie.

Obwohl es modisch ist, Saties Kunst zu mögen, ihr sogar Festivals zu widmen, gibt es bisher keine Satie-Rezeption. Die Anregung, die von seiner Stellung zur Musik und den anderen Künsten ausgeht, kommt eher bei Literaten und bildenden Künstlern zum Tragen als bei ausgebildeten Musikern. Diese wollen oft immer noch auf die Frage »War Satie wirklich ein großer Komponist« mit Hilfe einer musiktechnischen Analyse bewiesen bekommen, daß man ihm »trauen« könne.

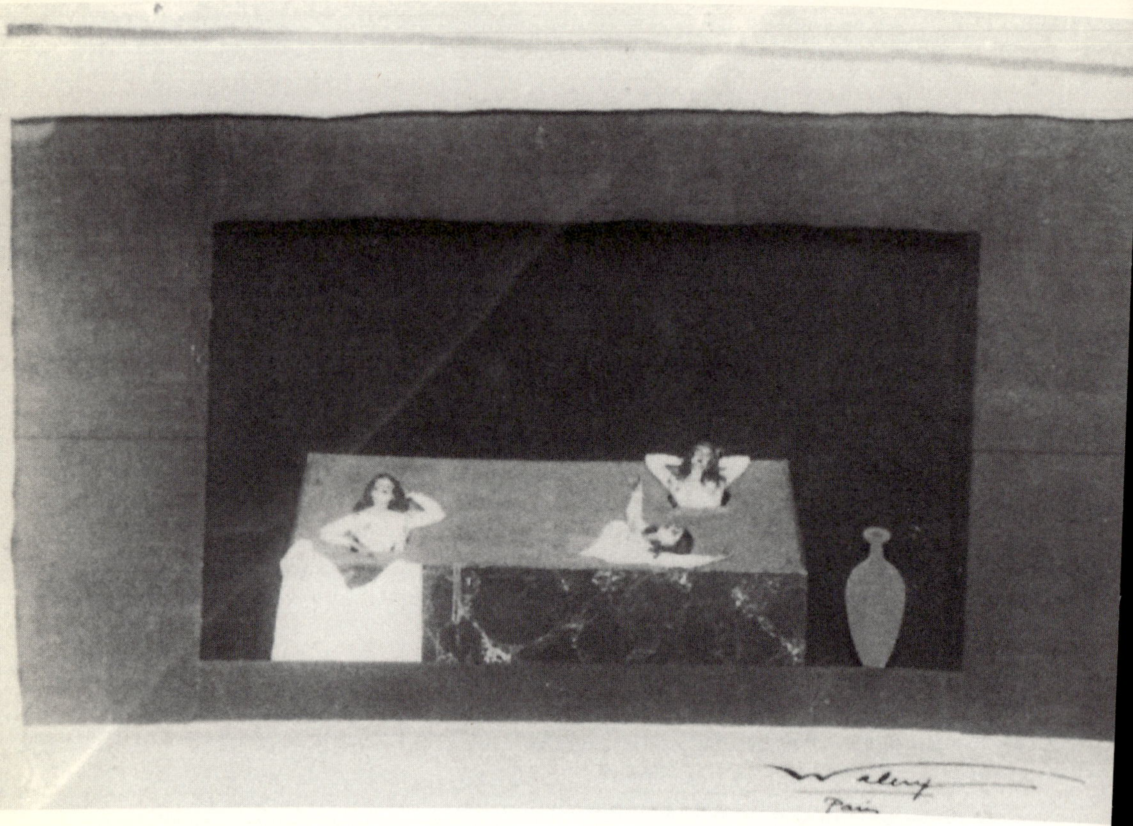

Für MERCURE hatte Picasso kostbare Figurinen entworfen, die als Musterbeispiele für seinen Kubismus mit geschwungenen Linien gelten. Bei der Aufführung riefen Leute aus dem Publikum: »Es lebe Picasso – nieder mit Satie.« Die einzelnen Nummern sind sehr kurz, manchmal nur wenige Takte lang. Satie bezog sich damit auf den Untertitel des Balletts, nämlich ›Poses plastiques‹ – etwa ›Lebende Bilder‹, die jeweils nur wenige Sekunden zu sehen waren – zu den Figuren von Picasso. Engste Freunde wendeten sich ...

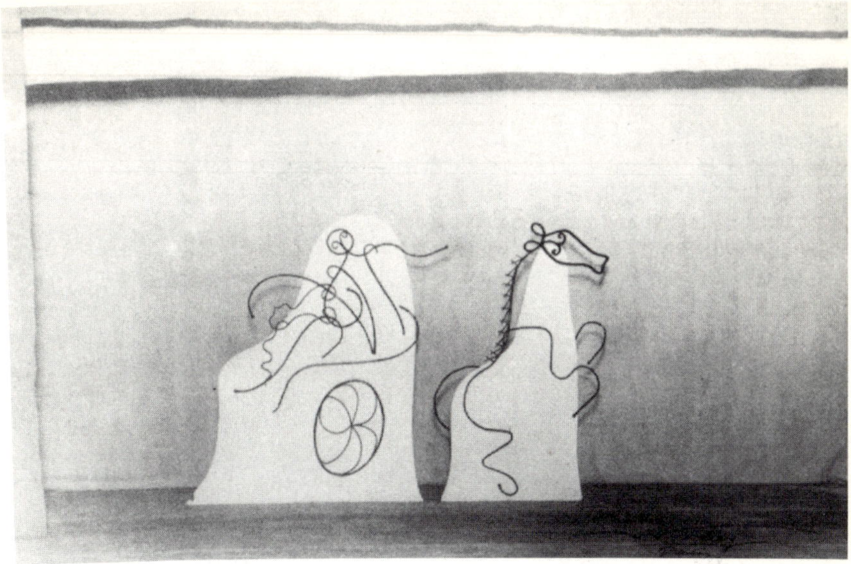

…anläßlich von MERCURE von Satie ab, und die Surrealisten verfaßten ein Manifest für Picasso und gegen seine ›Mitarbeiter‹, womit natürlich Satie gemeint war. Ein sehr kluger Kritiker betonte dagegen die Tendenz zur ›Entmythifizierung‹ des antiken Merkur-Stoffes; sie entsteht durch den Café-concert-Charakter und stellt das Ballett damit in die Nachfolge von Jacques Offenbach und Claude Terrasse.

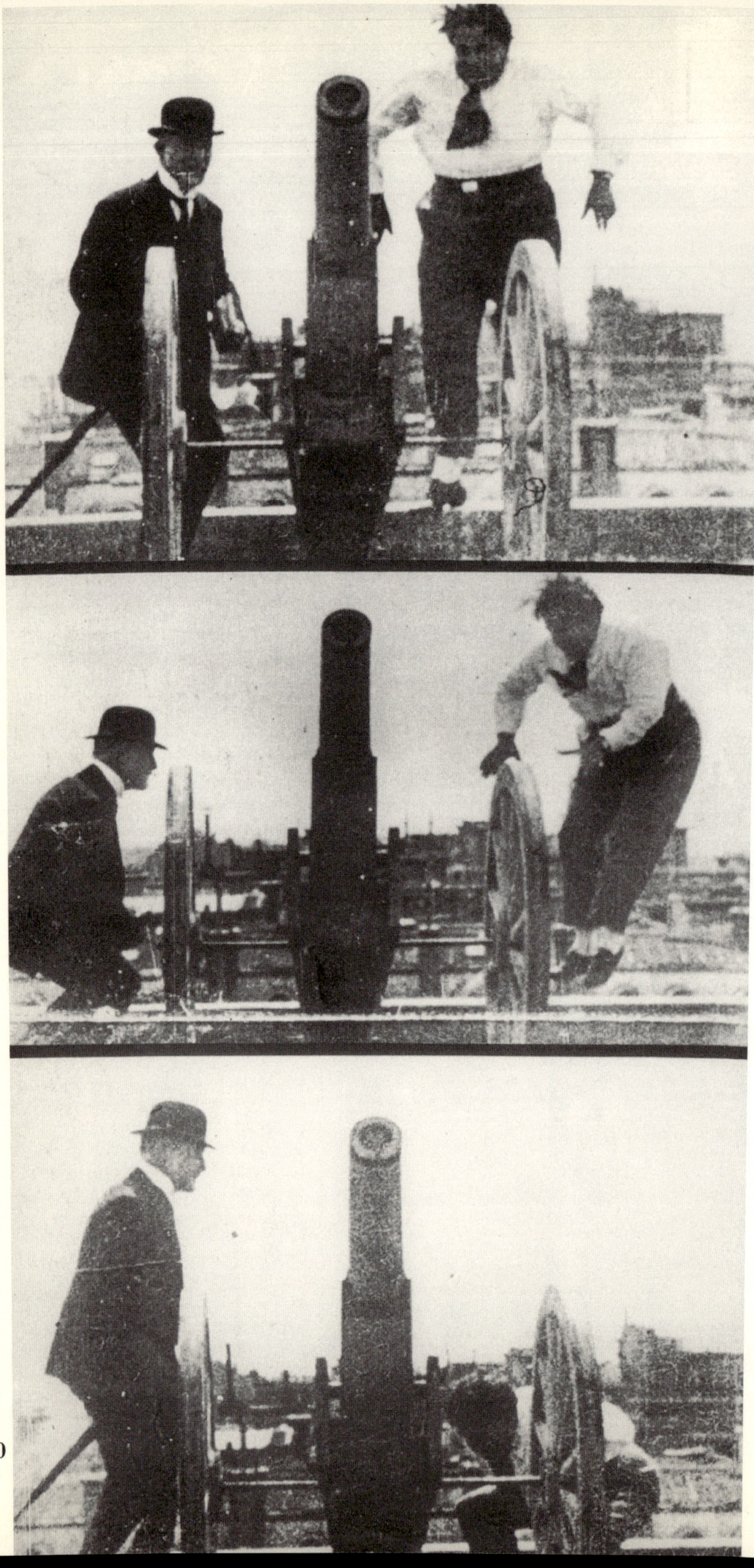

Satie und Picabia über den Dächern von Paris. Aus dem Film ›Entr'acte‹ von René Clair, 1924.

Zeittafel

ERIK ALFRED LESLIE SATIE 1866–1925

1866 am 17. Mai 1866 in Honfleur an der Kanalküste geboren. Der Vater, Alfred, Sohn eines Schiffsmaklers, war Franzose, die Mutter, Jane Leslie, war Schottin.

1867/69 Geburt der Schwester Olga und des Bruders Conrad, der zeitlebens engen Kontakt zu seinem Bruder unterhielt und sich nach Eriks Tod um seinen Nachlaß kümmerte. Alle drei Geschwister wurden anglikanisch getauft.

1870 wegen des deutsch-französischen Krieges zog die Familie Satie nach Paris.

1872 Tod der Mutter. Erik und Conrad wurden nach Honfleur zu den Großeltern zurückgegeben. Die sehr fromme elsässische Großmutter ließ die beiden Enkel katholisch taufen. – Der Bruder des Vaters, Adrien, genannt »Uncle Sea-Bird«, wurde Eriks wichtigste Bezugsperson.

1876 Musikstunden bei Monsieur Vinot, dem Organisten von St. Léonard.

1878 plötzlicher Tod der Großmutter. Rückkehr zum Vater nach Paris.

1879 Der Vater betrieb eine Buchhandlung und einen Musikverlag. Zweite Ehe mit der Klavierlehrerin Eugénie Barnetsche. Erik brauchte nicht in die öffentliche Schule zu gehen, erhielt Privatlehrer, auch für das Klavierspiel. Er legte im November die Aufnahmeprüfung am Conservatoire ab und trat in die Klaviervorbereitungsklasse ein.

1882 Er wurde nach den Richtlinien des Conservatoire automatisch entlassen, weil seine Leistungen als für sein Alter zu gering eingeschätzt wurden und er sich drei Jahre lang nicht um den Klavierpreis bemüht hatte.

1883 erneut am Conservatoire, als »Gasthörer« in der Harmonieklasse.

1885 Aufnahme in die Klavierklasse von Mathias, erste Kompositionen, die im Verlag des Vaters mit dessen Kompositionen und denen seiner zweiten Frau als ›Musiques des familles‹ erschienen.

1886 verließ fluchtartig das Conservatoire, meldete sich zum Militärdienst in Arras, zog sich jedoch nach kurzer Zeit willentlich eine Bronchitis zu, wegen der er als untauglich entlassen wurde. Studium der mittelalterlichen französischen Baukunst in der Bibliothèque Nationale. QUATRE OGIVES – SPITZBÖGEN.

1887 verließ das Elternhaus, zog mit Contamine de Latour nach Montmartre, Rue Cortot 6. Komposition seiner bis heute bekanntesten Musik, der TROIS GYMNOPÉDIES.

1888 nahm wegen Geldnot die Stelle eines zweiten Klavierspielers im Nachtcabaret Chat Noir, nach dem Zerwürfnis mit dem Inhaber einige Monate später in der Auberge du Clou an.

1890 persönliches Kennenlernen mit Joséphin Péladan, dem Oberhaupt der Rosenkreuzer in Paris. Dieser ernannte Satie zum Hauskomponisten des Ordens. Komposition von PREMIÈRE PENSÉE ROSE + CROIX. Im gleichen Jahr: TROIS GNOSSIENNES für Klavier, die ebenso bekannt wurden wie die GYMNOPÉDIES. Ihre Besonderheit: Satie notierte zum ersten Mal selbst erfundene Spielvorschriften.

1891 Begegnung mit Claude Debussy, woraus sich eine Freundschaft bis zu Debussys Tod entspann. Komposition der Préludes zu LE FILS DES ÉTOILES, einem Bühnenstück von Péladan.

1892 Trennung von Péladan. Christliches Ballett USPUD gemeinsam mit Contamine de Latour, eine Parodie auf die ›Tentation de Saint Antoine‹ von Flaubert.

1893 VEXATIONS. Gründung der ›Eglise Métropolitaine de Jésus conducteur‹, deren einziges Mitglied er selber war und blieb. Zwei Nummern der Zeitschrift des Ordens CARTULAIRE erschienen. Liebesbeziehung zu der Malerin Suzanne Valadon.
DANSES GOTHIQUES.

1894 MESSE DES PAUVRES.

1898 Umzug nach Arcueil.

1899 GENEVIÈVE DE BRABANT für Marionetten gemeinsam mit Contamine de Latour.

1900 Ging täglich von Arcueil nach Montmartre, um dort Chansonniers zu begleiten, komponierte JE TE VEUX, POUDRE D'OR und LA DIVA DE L'EMPIRE für Paulette Darty.

1903 TROIS MORCEAUX EN FORME DE POIRE für Klavier vierhändig vollendet.

1905 Eintritt in die Schola Cantorum als Schüler von d'Indy und Roussel, um Kontrapunkt zu studieren.

1908 Abschlußzeugnis der Schola mit dem Prädikat »Très bien«.

1912 MÉMOIRES D'UN AMNÉSIQUE, Ce que je suis, erschien in der ›Revue S.I.M.‹. Seitdem regelmäßige Mitarbeit bei Zeitschriften.
VÉRITABLES PRÉLUDES FLASQUES POUR UN CHIEN, Klavierstücke mit Texten.

1913 LA JOURNÉE DU MUSICIEN in ›Revue S.I.M.‹. Bühnenstück LE PIÈGE DE MÉDUSE mit sieben Tänzen eines ausgestopften Affen. Komposition vieler Klavierstücke mit Texten.

1914 L'INTELLIGENCE ET LA MUSICALITÉ CHEZ LES ANIMAUX in ›Revue S.I.M.‹. SPORTS ET DIVERTISSEMENTS, 20 Klavierstücke mit Texten und größerem Vorwort nach Zeichnungen von Charles Martin.

Uraufführung von LE PIÈGE DE MÉDUSE, Satie spielte die Titelrolle. Bei dieser Gelegenheit erste Begegnung mit der Malerin Valentine Hugo, Freundschaft und Briefwechsel bis zu Saties Tod.

1915 erstes Zusammentreffen mit Jean Cocteau, gemeinsames Ballett geplant.

1917 18. Mai, Premiere von PARADE. Szenario von Cocteau, Musik von Satie, Ausstattung von Picasso, Choreographie von Fokine mit der Diaghilew-Truppe, Orchesterleitung Ernest Ansermet. Riesenskandal bei der Premiere mit anschließender Gerichtsverhandlung.

1918 Gründung des ›Groupe des Six‹ im Anschluß an PARADE und auf Anregung von Cocteau. Vollendung von SOCRATE nach Dialogen von Platon.

Angeregt durch den Rechtsstreit nach PARADE schrieb Satie und trug vor ELOGES DES CRITIQUES, gedruckt 1921.

1920 Uraufführung von SOCRATE in der Société Nationale, Ablehnung durch die Presse. In der Galerie Barbazanges gemeinsam mit Darius Milhaud MUSIQUE D'AMEUBLEMENT.

1923 Zusammenschluß mehrerer junger Musiker, die Satie verehrten, zur École d'Arcueil.

1924 Veröffentlichung von RECOINS DE MA VIE. L'ORIGINE DES SATIES in den ›Feuilles libres‹. Am 15. Juni Premiere im Théâtre La Cigale von MERCURE mit Ausstattung von Picasso und Choreographie von Massine. Totaler Mißerfolg und Verhöhnung durch die Presse. Freunde und Schüler kehrten sich von Satie ab.

Anfang Dezember Premiere von RELÂCHE nach einem Szenario von Francis Picabia, getanzt von den Ballets Suédois unter Jean Borlin, in der Pause zum ersten Mal ein Film, Entr'Acte von René Clair mit der Filmmusik CINÈMA von Satie. Schwacher Erfolg.

1925 Tod im Hospital Saint Joseph in Paris am 1. Juli.

Auswahl aus den Arbeiten von Erik Satie

1. KOMPOSITIONEN

a) für Klavier zu zwei Händen

1885 VALSE-BALLET und FANTAISIE-VALSE, veröffentlicht 1887 in ›Musique des familles‹ als Opus 62 im Verlag des Vaters.

1886 QUATRE OGIVES

1887 TROIS SARABANDES

1888 TROIS GYMNOPÉDIES

1890 TROIS GNOSSIENNES

1891–97 GNOSSIENNES NR. 4, 5, 6

1891/92 für den Rosenkreuzorden: PREMIÈRE PENSÉE ROSE + CROIX, HYMNE, SONNERIES DE LA ROSE + CROIX.

1893 DANSES GOTHIQUES, Neuvaine pour le plus grand calme et la forte tranquillité de mon Âme.

1893 QUATRE PRÉLUDES. Fête en l'honneur d'une jeune demoiselle; Prélude d'Eginhard; 1 ère Prélude du Nazaréen; 2me Prélude du Nazaréen.

1892–95 PAGES MYSTIQUES. 1. Prière, 2. Vexations, 3. Harmonies.

1895 MESSE DES PAUVRES (mit Einschüben für Orgel und Chor).

1897 PIÈCES FROIDES. Airs à faire fuir; Danses de travers.

o.J. NOUVELLES PIÈCES FROIDES. Sur un mur; Sur un arbre; Sur un pont.

bis 1900 CARNET D'ESQUISSES ET DE CROQUIS NR. 1.

1900–13 CARNET D'ESQUISSES ET DE CROQUIS NR. 2.

1906 12 PETITS CHORALS.

1906–13 6 PIÈCES DE LA PÉRIODE 1906–1913.

1912 TROIS PRÉLUDES FLASQUES, pour un chien.

VÉRITABLES PRÉLUDES FLASQUES, pour un Chien. 1. Sévère Réprimande; 2. Seul à la maison; 3. On joue.

1913 CROQUIS ET AGACERIES D'UN GROS BONHOMME EN BOIS. 1. Tyrolienne Turque; 2. Danse Maigre; 3. Españaña.

DESCRIPTIONS AUTOMATIQUES. 1. Sur un vaisseau; 2. Sur une lanterne; 3. Sur un casque.

EMBRYONS DESSÉCHÉS. 1. d'Holothurie; 2. d'Edriophthalma; 3. de Podophthalma.

CHAPITRES TOURNÉES EN TOUS SENS. 1. Celle qui parle trop; 2. Le porteur de grosses pierres; 3. Regrets des Enfermés.

ENFANTINES: MENUS PROPOS ENFANTINS. 1. Chant guerrier du roi des haricots; 2. Ce que dit la petite princesse des Tulipes; 3. Valse du Chocolat aux amandes.

ENFANTINES: ENFANTILLAGES PITTORESQUES. 1. Petite prélude à la journée; 2. Berceuse; 3. Marche du grand escalier.

ENFANTINES: PECCADILLES IMPORTUNES. 1. Être jaloux de son camarade qui a une grosse tête; 2. Lui manger sa tartine; 3. Profiter de se qu'il a des cors aux pieds lui prendre son cerceau.

1914 VIEUX SEQUINS ET VIEILLES CUIRASSES. 1. Chez le Marchand d'or; 2. Danse Cuirassée. 3. La Défaite des Cimbres.

HEURES SÉCULAIRES ET INSTANTANÉES. 1. Obstacles Venimeux; 2. Crépuscule Matinal (de midi); 3. Affolements Granitiques.

SPORTS ET DIVERTISSEMENTS. Choral inappétissant; La Balançoire; La Chasse; La Comédie italienne; Le Réveil de la Mariée; Colin-Maillard; La Pêche; Le Yachting; Le Bain de mer; Le Carnaval; Le Golf; La Pieuvre; Les Courses; Les Quatre-Coins; Le Pique-nique; Le Water-chute; Le Tango; Le Traîneau; Le Flirt; Le Feu d'Artifice; Le Tennis.

LES TROIS VALSES DISTINGUÉES DU PRÉCIEUX DÉGOUTÉ. 1. Sa Taille; 2. Son Binocle; 3. Ses Jambes.

1915 AVANT-DERNIÈRES PENSÉES. 1. Idylle; 2. Aubade; 3. Méditation.

1917 SONATINE BUREAUCRATIQUE

b) für Klavier zu vier Händen

1903 TROIS MOCEAUX EN FORME DE POIRE

1908 APERÇUS DÉSAGRÉABLES. Pastorale; Choral et Fugue.

1911 EN HABIT DE CHEVAL. 1. Choral, 2. Fugue litanique; 3. Autre Choral; 4. Fugue en papier.

c) Klavier und Violine

1912 CHOSES VUES À DROITE ET À GAUCHE – (SANS LUNETTES). Choral hypocrite; Fugue à tâtons; Fantaisie musculaire.

d) Stimme mit Klavierbegleitung

1886 TROIS MÉLODIES. Les Anges; Elégie; Sylvie.

1886–1906 TROIS AUTRES MÉLODIES. Chanson; Chanson Médiévale; Les Fleurs.

1900 JE TE VEUX

1900 TENDREMENT

1900 LA DIVA DE L'EMPIRE

1914 TROIS POÈMES D'AMOUR.

1916 TROIS MÉLODIES. Daphénéo; La Statue de Bronze; Le Chapelier.

1920 LUDIONS. 1. Air du rat; 2. Spleen; 3. La grenouille américaine; 4. Air du poète; 5. Chanson du rat.

e) Singstimme mit Orchester

1900 JE TE VEUX, TENDREMENT, LA DIVA DE L'EMPIRE

1919 SOCRATE

f) Bühnenmusik

1891 LE FILS DES ÉTOILES (trois Préludes)
1899 GENEVIÈVE DE BRABANT (für Marionetten)
1899 JACK IN THE BOX
1913 LE PIÈGE DE MÉDUSE – sieben Tänze für einen ausgestopften Affen
1914 CINQ GRIMACES (für Cocteaus nie aufgeführten Sommernachtstraum)

g) Ballette

1892 USPUD
1917 PARADE
1924 MERCURE
1924 RELÂCHE

h) Filmmusik

1924 CINÉMA

i) für Orchester

1919 TROIS PETITES PIÈCES MONTÉES. 1. L'enfance de Pantagruel; 2. Marche de Cocagne; 3. Les jeux de Gargantua.
1920 LA BELLE EXCENTRIQUE. 1. Grande Ritournelle; 2. Marche Franco-Lunaire; 3. Valse du »Mystérieux baiser dans l'œil«; 4. Cancan Grand-Mondain.

k) Orchesterbearbeitungen von

EN HABIT DE CHEVAL, RAG-TIME PARADE, LE PICADILLY, JE TE VEUX, LA DIVA DE L'EMPIRE

l) Eine Liste der unveröffentlichten Cabaret-Stücke in ESW 162.

2. SCHRIFTEN

Die in der Zeittafel und im Text zitierten Schriften finden sich in den kompletten Ausgaben von Saties literarischen Arbeiten in Erik Satie, Ecrits, Paris 1977, und in deutscher Übersetzung in Erik Satie, Schriften, Hofheim 1988.

3. ZEICHNUNGEN UND GRAPHISCHES

Die oben genannten Ausgaben seiner Schriften bringen auch 148 Zeichnungen von Satie. Untrennbar damit verbunden müssen seine kalligraphische Schrift wie auch seine den Zeichnungen von Charles Martin angepaßten Anlagen des Notenbildes betrachtet werden.

Siglenverzeichnis

A	Georges Auric: Découverte de Satie, in: Revue musicale 1952/ Nr. 214, S.123.
C	Jean Cocteau: Hahn und Harlekin, München 1956.
CL	Jean Cocteau: Der Lebensweg eines Dichters, München 1953, S. 58.
CP	Jean Cocteau: Œuvres complètes. Portraits – Souvenir, Genf 1946–1951, S. 49.
DM	Darius Milhaud: Noten ohne Musik. Eine Autobiographie, München 1962.
E	Erik Satie: Ecrits, Réunis par Ornelle Volta, Paris 1977.
ESB	Erik Satie: Schriften, herausgegeben von Werner Bärtschi, übersetzt von Evi Pillet, Zürich 1980.
ESV	Erik Satie: Schriften, herausgegeben von Ornelle Volta, übersetzt von Silke Hass, Hofheim 1988.
ESW	Grete Wehmeyer: Erik Satie. Regensburg 1974.
GM	Gadan, F./Maillard, R. (Hrsg.): A Dictionary of Modern Ballet, London 1959, S. 14.
H	Valentine Hugo: Le Socrate que j'ai connu. Revue musicale 1952/Nr. 214, S. 139.
HB	Cathy Bernheim: Valentine Hugo. Paris 1990.
L	J. P. Contamine de Latour: Satie intime, Comoedia III, V, VI; Paris 1925.
LM	Erik Satie: Brief vom 16. 5. 1920 in: LeMonde vom 1. 12. 1928.
RM	Roland Manuel: Conférence sur Erik Satie, Paris 1916, S. 9.

Quellennachweis

S. 2 Portrait Erik Satie, 1923, Man Ray, Fondation Erik Satie, Paris*

S. 7, 9, 19, 48u., 79u., 82o., 83u., 94 Nationalbibliothek, Paris

S. 14 Revue Musicale S.I.M., VIII. Jahrgang/Nr. 4/15.4.1912, S. 69.

S. 15 »Cadeau«, 1921/1963, Man Ray, Foto: Man Ray, Juliet Man Ray, Paris*

S. 47o. »Avant«, 1892; »Aprés«, 1893, Marcellin Desboutin, Privatbesitz

S. 47r.u. J.P. Contamine de Latour A. L. Erik Satie, 1892/1893, Suzanne Valadon, Privatbesitz*

S. 47l.u. Album d'Autographes de Musiciens Contemporaires, 1900, Bibliotheque de l'Opera, Paris

S. 48l.o. Portrait Erik Satie, o.D., Ramón Casas, Museé de Arte Moderno, Barcelona

S. 48r.o. Portrait Erik Satie, 1893, Suzanne Valadon, Museé National d'Art Moderne, Paris*

S. 49u. Portrait Erik Satie, 1920, Portrait Erik Satie, 1921, Jean Cocteau, Privatbesitz *

S. 50 Vorhang für PARADE, 1917, Pablo Picasso *

S. 53 Figur aus PARADE, 1917, Pablo Picasso *

S. 54 »Group de Six ...«, o.D., Jean Oberlé

S. 56 Portrait Erik Satie, 1958, René Magritte aus: E.L.T. Mesens, Poèmes 1923-1958, Terrain Vague, Paris 1959 *

S. 59 Bühnenbild zu SOCRATE, 1936, Alexander Calder aus: Programm zu The National Tribute to Alexander Calder, 10.11.1977, Beacon Theatre, New York *

S. 63 Die Autoren von RELACHE, 1926, Francis Picabia, Privatbesitz *

S. 71 Saties Treppe, 1928, Constantin Brancusi, Museé National d'Art Moderne, Paris *

S. 73 Selbstportrait, 1893, Suzanne Valadon, Sammlung Jean Claude Bellier, Paris *

S. 87 Auf dem Golfplatz von Saint-Cloud, 1921, John Quinn, Museé National d'Art Moderne, Paris

S. 90/91 Erik Satie/Charles Martin, SPORTS ET DIVERTISSEMENTS, LE BAIN DE MER, 1914, Editions Salabert, Paris

S. 96 Kostüm für »Caryathis«, 1921, Jean Cocteau, Bibliothèque littéraire Jacques Doucet *

* Rechte bei VG Bild-Kunst, Bonn 1992.

Trotz intensiver Recherchen konnte für einige Abbildungen der Verbleib der Urheberrechte nicht geklärt werden.

Erik Satie

GESAMTAUSGABE

Schriften & Korrespondenz

Diese erste Ausgabe der Schriften und Korrespondenz Saties vermag vielleicht den Blick auf sein Werk zu erweitern, von dem Cocteau schrieb: Es »ist winzig klein wie ein Schlüsselloch, aber sobald man ihm mit dem Auge oder Ohr näherkommt ändert sich alles.«

Nach dem Bd. I (*Schriften*) und dem Bd. II/1 (*Briefe 1*, 1891 – 1913) ist der zweite Band der Briefe (1914 – 1920) in Vorbereitung. Dem dritten Band der Briefe (1921 – 1925) folgt ein abschließendes Kompendium »Alles über Erik Satie« (Bd. III).

ERIK SATIE
Briefe 2

Die Korrespondenz von 1914 bis 1920 u.a. mit Briefen an Henri-Pierre Roché, Ricardo Vines, Roland Manuel, Georges Frilley, Maurice Ravel, Valentine Gross, Francis Picabia, Jules Ecorcheville, Armande de Polignac, Igor Stravinskij, Paul Dukas, Edgard Varèse, Jean Cocteau.

Bd. II/2. Hg. u. kommentiert v. Ornella Volta, aus dem Franz. v. Silke Hass, ca. 380 Seiten
Pb.: DM 56, – ISBN 3-923997-30-2
geb.: DM 75, – ISBN 3-923997-31-0

erscheint März 93

ERIK SATIE
Briefe 1

»Vergleicht man seine Briefe mit seinen öffentlichen Äußerungen, so wird man einen hohen Grad stilistischer und inhaltlicher Übereinstimmungen feststellen ... Gerade in der Möglichkeit, hinter den öffentlichen Satie zu blicken und zu erahnen, daß es einen privaten vielleicht gar nie gab, liegt auch der unschätzbare Wert der vorliegenden Ausgabe.«
(Andreas Ballstaedt, NZ)

Bd. II/1. Hg. u. kommentiert v. Ornella Volta, aus dem Franz. v. Silke Hass, 448 Seiten
Pb.: DM 49,80 ISBN 3-923997-28-0
geb.: DM 68, – ISBN 3-923997-29-9

ERIK SATIE
Schriften

Saties *Schriften* sind weit mehr als reine Materialien zum Musikgeschehen seiner Zeit, es sind die verstreuten Aufzeichnungen, Beobachtungen und hintergründigen Kritiken eines Zeitgenossen zur Lage der Kunst in den bewegten 10er und 20er Jahren des Jahrhunderts in Paris, zu Künstlern, Gattungen, Moden, Birnen und Hunden.

Aus dem Inhalt: Werkeinführungen; Spielanweisungen, Musiktheater; Artikel und Vorträge *Für die anderen*; Notizen aus seinen Notenheften; Verschiedenes *Für sich selbst*; Gedankengänge eines Dickkopfes; Kalligraphien, Projekte, Musikwerbung, Visionen, Zeichnungen und Handschriftliches...

»Die Modernität von Saties Schriften beruht auf ihrer unauflöslichen Vermischung von essayistischen, argumentativen, fiktionalen und absurden Elementen.«
(Thomas Rothschild, Basler Zeitung)

Bd. I. Hg. u. kommentiert v. Ornella Volta, aus dem Franz. v. Silke Hass, 512 Seiten
Pb.: DM 49,80 ISBN 3-923997-26-4
geb.: DM 68, – ISBN 3-923997-27-2

Wolke Verlag, Hattersheimer Str. 2, 6238 Hofheim/Ts, Tel./Fax 06192-7243
In jeder guten Buchhandlung. Bitte fordern Sie unseren ausführlichen Gesamtprospekt an.

Klaus und Erika Mann in der edition spangenberg

KLAUS MANN
aus der Werkausgabe
in Leinen gebunden mit
Schutzumschlag

- *Distinguished Visitors*
  Der amerikanische Traum
  Herausgegeben und mit einem Nachwort von Heribert Hoven. 370 Seiten mit 21 Abbildungen. DM 58,–

- *Briefe und Antworten* 1922–1949
  Herausgegeben von Martin Gregor-Dellin. Mit einem Essay von Golo Mann: Erinnerungen an meinen Bruder Klaus. Anmerkungsteil, Briefverzeichnis und Register. 362 Briefe und 99 Antwortbriefe. 816 Seiten. DM 98,–

- *Flucht in den Norden*
  Roman. Nachwort von Martin Gregor-Dellin. 292 Seiten. DM 34,–

- *Mephisto*
  Roman einer Karriere. Mit einer Einleitung von Berthold Spangenberg und der Entscheidung des Bundesverfassungsgerichts im Anhang. 465 Seiten. DM 44,–

- *Tagebücher*
  Herausgegeben von Joachim Heimannsberg, Peter Laemmle und Wilfried F. Schoeller. Nachwort. Anmerkungsteil und Register.
  1931–1933, 276 Seiten. DM 48,–
  1934–1935, 240 Seiten. DM 48,–
  1936–1937, 254 Seiten. DM 48,–
  1938–1939, 232 Seiten. DM 48,–
  1940–1943, 250 Seiten. DM 48,–
  1944–1949, 307 Seiten. DM 48,–

- *Treffpunkt im Unendlichen*
  Roman. Mit einem Nachwort von Fredric Kroll. 275 Seiten. DM 44,–

- *Der Vulkan*
  Roman unter Emigranten. Mit einem Nachwort von Martin Gregor-Dellin: Klaus Manns Exilromane. 570 S. DM 48,–

- *Der Wendepunkt*
  Ein Lebensbericht. 505 Seiten. DM 48,–

- *Woher wir kommen und wohin wir müssen*
  Frühe und nachgelassene Schriften. Nachwort von Martin Gregor-Dellin: Zeitgenosse zwischen den Fronten. 288 Seiten. DM 38,–

Als Paperback:

- *Briefe und Antworten* 1922–1949
  Herausgegeben von Martin Gregor-Dellin. Mit einem Essay von Golo Mann: Erinnerungen an meinen Bruder Klaus. Anmerkungsteil: Briefverzeichnis und Register. 362 Briefe und 99 Antwortbriefe. 816 Seiten. Sonderausgabe. DM 48,–

- *Das Innere Vaterland*
  Literarische Essays aus dem Exil. Hrsg. M. Gregor-Dellin. 192 Seiten. DM 14,80

- *Tagebücher*
  Herausgegeben von Joachim Heimannsberg, Peter Laemmle und Wilfried F. Schoeller. Nachwort, Anmerkungsteil und Register.
  1931–1933, 276 Seiten. DM 29,80
  1934–1935, 240 Seiten. DM 29,80
  1936–1937, 254 Seiten. DM 29,80
  1938–1939, 232 Seiten. DM 29,80
  1940–1943, 250 Seiten. DM 29,80
  1944–1949, 307 Seiten. DM 29,80

ERIKA MANN

- *Briefe und Antworten Band 1 und 2*
  Insgesamt 563 Seiten. Leinen DM 90,–

- *10 Millionen Kinder*
  200 Seiten. Paperback. DM 28,–

ERIKA UND KLAUS MANN

- *Escape to Life*
  Deutsche Kultur im Exil.
  Herausgegeben und mit einem Nachwort von Heribert Hoven.
  421 Seiten mit 17 zeitgenössischen Photographien. Leinen DM 48,–

Eva Chrambach

- *Klaus und Erika Mann*
  Bilder und Dokumente
  84 Seiten mit 70 Abbildungen
  Broschiert DM 20,–

Helga Keiser-Hayne

- *Beteiligt euch, es geht um eure Erde*
  Erika Manns politisches Kabarett
  »Die Pfeffermühle« 1933–1937
  160 Seiten, 80 Abbildungen.
  Paperback. DM 39,–

Eberhard Spangenberg

- *Karriere eines Romans*
  Mephisto, Klaus Mann und Gustaf Gründgens.
  240 Seiten, Paperback DM 28,–